アンガーマネジメント

ANGERMANAGEMENT FOR THE WAY OF TALKING

1分で解決!

戸田久実［著］

怒らない伝え方

かんき出版

あなたは怒りに対して、こんなふうに思っていませんか？

「怒ることは悪いこと」
「怒ることは恥ずかしいこと」
「感情的になるのは大人げない」
「怒ったら嫌われる」

でも、これらはあなたの思い込みです。
どういうことなのでしょうか？

はじめに——怒りを伝えても嫌われない！

怒りに対して、人はマイナスのイメージを抱きがちです。

そう思う背景は人それぞれですが、たとえば、「怒りっぽい人は嫌われる」と思っていたり、「怒りをあらわにすることは、みっともないことだ」としつけられてきた、といった人が多いことが考えられます。

私は研修講師として、日々さまざまな人の相談を受けますが、怒りについての悩みは、とくに多く寄せられます。

☑ 怒ってしまったあとに、言いすぎてしまって後悔することが多い

☑ 人の怒りや機嫌に振りまわされてしまう

☑ 自分の怒りの気持ちをうまく伝えられずに、「あのとき言っておけばよかった…」と溜め込んでしまう

☑ 「怒るのはみっともない」と思って、部下に注意ができない

☑ 頭にきたことを、いつまでも根にもってしまう

など…、あげればキリがありません。

そして、悩みを抱いている人たちのほとんどが、「怒ってはいけない」という思い込みをもっているのです。

ここで、もっとも大切なことをお伝えします。

怒りは感じてもいいのです。
怒ってもいいのです。

怒りは人間にとって自然な感情です。

怒りを感じることは決して悪いことではありません。

無理に抑えたり、感じないようにするのは、かえって不自然な行為です。

怒る必要があることには怒ってもいいのです。

大切なのは、伝え方を工夫することです。

9割近くのビジネスパーソンが、仕事で怒りを感じると答えています（一般社団法人日本アンガーマネジメント協会調べ）。

それにもかかわらず、「怒ることで人間関係を悪くしたくない」という思いから、「怒れない…」という悩みをもっている人が急増しています。

相手に気持ちを伝えず、怒りを溜め込んでしまうと、どんどん自分の中にストレスが蓄積していきます。その結果、心や身体に不調をきたしてしまうことになります。

溜まっていた怒りが、あるとき爆発してしまって、相手と修復不可能な関係になってしまうこともあります。怒りが湧くと、言いすぎてしまう人もいます。

私たちは感情の扱い方について教育を受けてきませんでした。だから、怒りをどう表現していいかがわからない。

湧いてくる感情をどう扱えばいいのか、そしてそれをどう相手に伝えればいいのか、方法を知らないから、戸惑ってしまうのです。

怒りの扱い方がわかり、相手に伝わる言い方を身につけると、こんな効果が得られるようになります。

- ☑ ムダな怒りがなくなる
- ☑ 生きるのがラクになる
- ☑ イライラしなくなる
- ☑ 怒っている自分を責めなくなる
- ☑ 周囲との関係がよくなる
- ☑ 職場の雰囲気がよくなる
- ☑ 仕事の生産性が高くなる

アメリカでは、ビジネスパーソン、政治家、弁護士、医師、スポーツ選手、俳優など、さまざまな人たちがよりよい生活や仕事、人間関係を手に入れるために、怒りと上手に付き合うための心理教育（アンガーマネジメント）を受けています。

怒りをはじめとした感情をうまく扱い、上手に表現することは、私たちが想像している以上に、さまざまな場面で影響を及ぼすのです。

本書はとくに、こんな人におすすめです。

- ☑ 怒りの感情をうまく伝えられない人
- ☑ イライラすることが多くて、どうしたらいいかわからない人
- ☑ 「怒ってはいけないものだ」と思っている人
- ☑ 部下への注意の仕方、叱り方に悩んでいる人
- ☑ 言いたいことを言えずにおわってしまうことが多い人
- ☑ 怒らずスマートに発言できるようになりたい人
- ☑ つい感情的になって後悔してしまうことがある人
- ☑ 怒りっぽい人にビクビクしてしまう人
- ☑ 面倒な相手にも、うまく対処できるようになりたい人
- ☑ 困った相手と話すとき、つい黙ってしまう人
- ☑ 家族や身近な人に対して、なかなか冷静になれない人
- ☑ 本音で気持ちのいいコミュニケーションをとりたい人

怒らない伝え方を身につけると、自分も無理することなく、まわりにも信頼してもらえる人になります。感情を上手に表現できることは、人の価値観が多様化している今、どんな人とでもうまくやっていくために欠かせない能力なのです。


「怒りを溜めずに、相手に言いたいことを伝えられるようになりたい！」

「相手の怒りに振りまわされない自分になりたい！」

「もっと自分のことを好きになりたい！」

「周囲との不必要な衝突をなくしたい！」

そんな思いをもっているなら、ぜひ本書で怒りの扱い方を知って、怒らない伝え方を身につけて、気持ちのよい人間関係を築きましょう！

２０１５年　５月　戸田久実

CONTENTS

アンガーマネジメント 怒らない伝え方

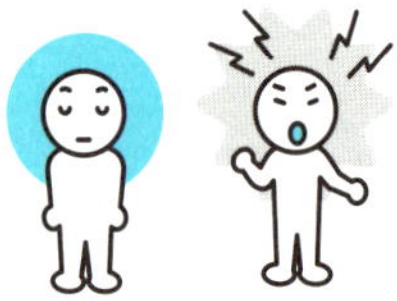

PART 2 感情をうまく伝えられない人の5つの特徴

PART 3
感情をうまく伝えられる人の5つの法則

PART 4
怒らない伝え方 10のポイント

PART 5 感情別　相手に伝わる　9つの言い方

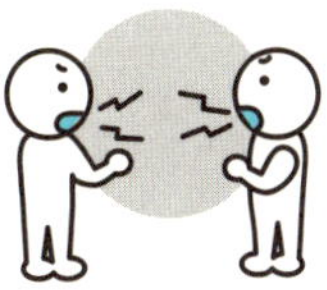

PART 6

シーン別 伝え方 ～仕事編～

PART 7

シーン別 感情の伝え方 ～プライベート編～

EPILOGUE アンガーマネジメント 11の簡単テクニック

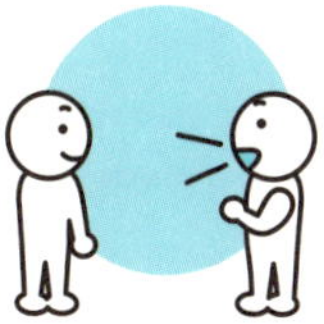

カバーデザイン●井上新八
本文イラスト・デザイン●石山沙蘭

PART 1

「怒り」とは なんだろう？

怒りの扱い方に困っている人は多いものです。

本章では、まず「怒り」がどういうものなのか、どのように対処すればよいかを解説します。

怒りとは？

私たちが悩まされるイライラや怒りとは、いったいどのような感情なのでしょうか？

- 「怒り」は私たち人間にとって自然な感情
- なくすことはできない
- うれしい、楽しい、悲しいと同じ感情

人間は、心と身体の安心、安全が脅かされそうになったときに怒りを感じるため、身を守るための感情ともいわれている

どんな人でも、怒りの感情はもっているものなんだよ

怒りの特徴

- 怒りは、ほかの感情と比べると強いエネルギーをもっている
- 怒りの感情に振りまわされてしまいがち

↓

つい怒りまかせな言動をしてしまって後悔したり、心がかき乱されるような思いをしてしまうことが多い

私たちが怒りに振りまわされる理由

私たちが怒りに振りまわされてしまうのは、次のような3つの理由があるからです。

1　怒りについて、しっかり理解していないから
2　「怒り＝悪い感情」「怒ること＝いけないこと」と思っている人が多い
3　そのため、怒りを無理に抑え込み、向き合わないままでいる

こういった背景があるため、私たちは余計に「怒り」を扱いづらく感じているのです。まず「怒り」という感情を理解することからはじめましょう。

そうすれば、怒りと上手に付き合うことができるようになります。

怒りの裏に潜む感情とは

怒りは二次感情ともいわれています。

怒りはとても強い感情のため、その裏側にどんな感情が潜んでいるのか、私たちはなかなか気づけないのです。怒りの裏側には、本来わかってほしい感情である「一次感情」があります。具体的に説明しましょう。

- 「こうあってほしい」「〇〇であるはず」という期待、理想が裏切られたとき、わかってほしいと思うことがわかってもらえなかったときに怒りは生まれる
- そのときに感じる気持ち、「悲しい」「つらい」「寂しい」「悔しい」「不安」「困惑」…といった気持ちが怒りとなってあふれる

怒ってカッとなると、裏側にある気持ちにまで目を向けることができず、怒りの感情だけが表に出てしまいがちです。そうなると、相手に本来わかってほしかった本当の気持ち（一次感情）を理解してもらえないままになってしまうのです。

怒りは二次感情

一次感情

不安	つらい	寂しい
苦しい	痛い	困った
嫌だ	疲れた	悲しい

心の中に感情を入れるコップがあるとイメージしよう

怒りを感じたときには、何に対しての怒りなのか、本来わかってほしい気持ちは何なのかに目を向け、それを相手に伝えるにはどうしたらいいのかを落ち着いて考えることを大切にしましょう。

怒ることは悪いこと？

前ページでも少し触れましたが、「怒り」はよくないものととらえ、多くの人が怒ることに罪悪感をもっていたり、恥ずかしいと思っているようです。どういうことなのか、くわしく解説しましょう。

怒ることに罪悪感をもってしまうのは…

1　怒ること＝恥ずかしいこと、と教育されてきた人が多いから

2　怒ること＝悪いこと、という経験をたくさんしてきているから

怒ってしまってから、「あんなに怒る必要はなかった!」と後悔する人も多いもの。これが続くと、怒ること＝悪いこと、と思い込んでしまうようになります。

でも、怒ることが悪いことではありません。

悪い怒り方をしているのが問題なのです。

大切なのは…

- 怒ることと怒る必要のないことを区別すること！
- 怒らなければいけないことはきちんと怒り、怒る必要のないものは怒らずにすむようになること！

怒りについての3つのポイント

1 怒りは感じてもいい

2 怒ってもかまわない

3 怒りは悪い感情ではない

怒りの原因ってなんだろう?

怒りの感情を抱く対象は、ときには誰かに対してであったり、何かに対してであったり、出来事に対してであったり…とさまざまです。この怒りの対象がどういうものであっても、私たちが怒りの感情を抱くときには、ある共通するひとつの原因があるのです。くわしく見ていきましょう。

私たちを怒らせるもの

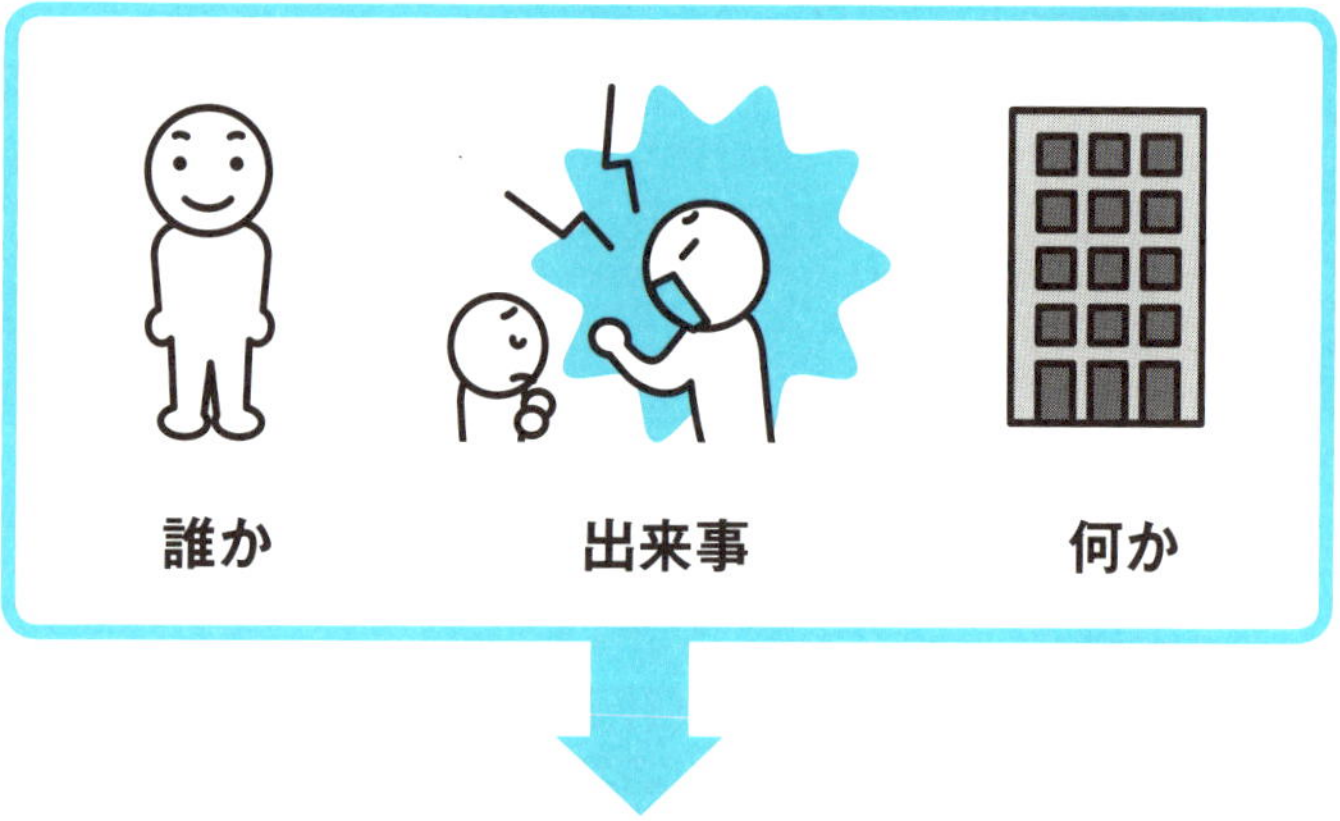

その正体とは?

怒りの原因はその人の「ゆずれない価値観」＝「べき！」

私たちを怒らせるものの正体

- 怒りは、自分の期待、理想が裏切られたとき、そのとおりにならなかったときに生まれる感情
- 理想、期待を象徴する言葉が「べき」
- 「べき」は「ゆずれない価値観」「信条」に言い換えられる

あなたは「〇〇であるべき」「〇〇するべき」と思うことはありませんか？

生きている間にさまざまな経験を通してできた「べき」、ときには育った家庭のしつけなどからできた「べき」もあるでしょう。それが誰にでも通じる「常識」「当たり前」と思ってしまうことはありませんか？　これが落とし穴で、人それぞれの「べき」があるため、そのとおりにならず裏切られてしまうことがあります。そのため、「えっ！？　なんで！？　〇〇であるべきなのに…」と怒りが生じるのです。

「べき」は人それぞれ違う

自分にとっては頭にくることでも、相手にとってはそうではないということはよくあります。

自分にとっての「べき」が裏切られたとき、「普通は〇〇するよね！？」「これって当たり前だよね！？」と言って怒る人がいますが、自分にとっての「当たり前」と相手にとっての「当たり前」は違います。

「べき」に正解、不正解はありません。
長年信じてきた自分の「べき」は自分にとっては真実なので、信じていていいのです。ただし、すべての人にとっての真実ではないことを知っておきましょう。

イライラすることが多いときには、ぜひあなたにとっての「べき」を洗い出してみましょう。
自分の内側に潜む「べき」がわかれば、怒りと上手に付き合えるようになります。

よく「あの人が私を怒らせた」「この状況が…」「この組織が」と、自分を怒らせた原因を相手や状況、出来事のせいにする人がいるけれど、怒りは自分自身が生み出しているんだね

怒る理由

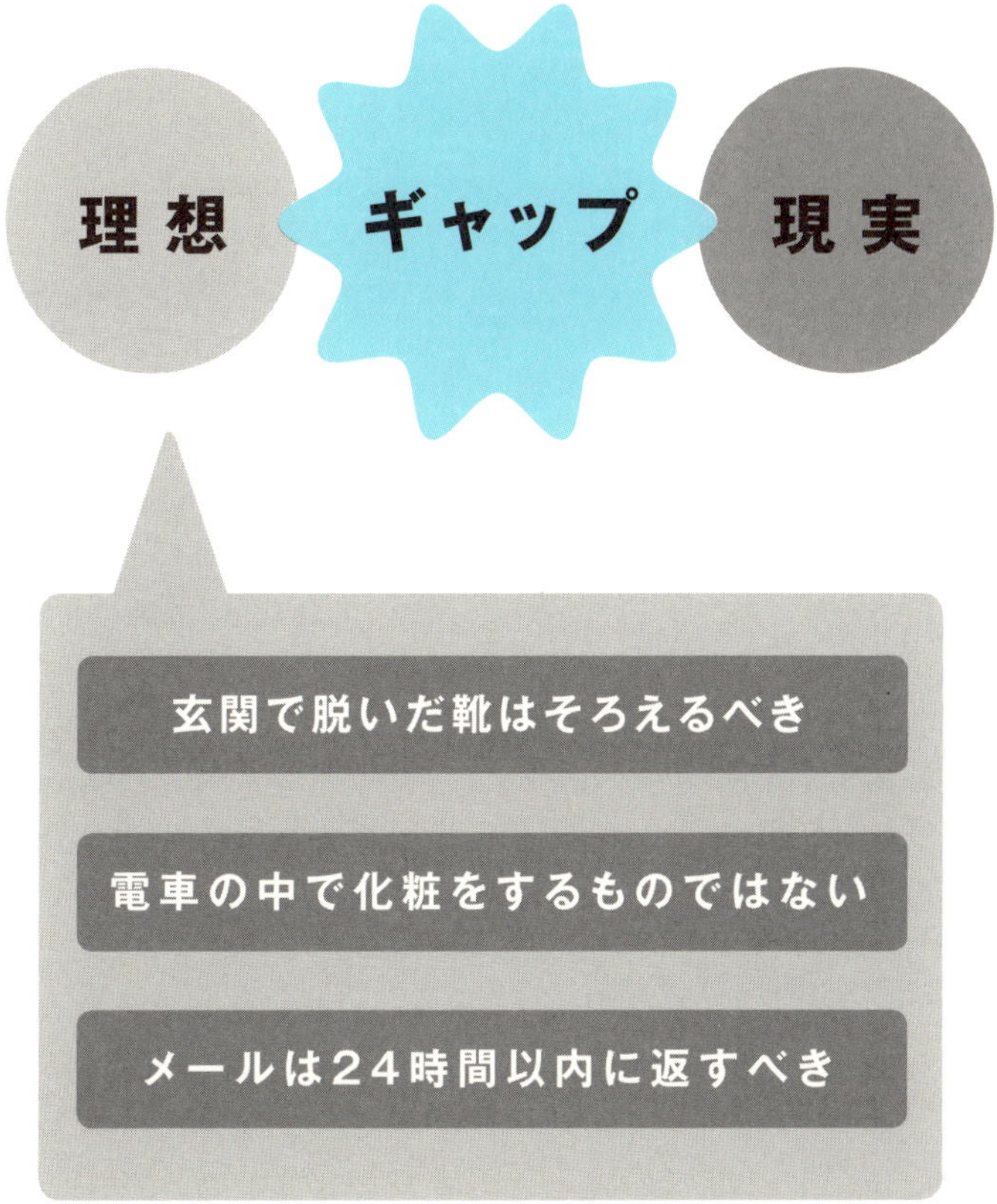
理想
ギャップ
現実
玄関で脱いだ靴はそろえるべき
電車の中で化粧をするものではない
メールは24時間以内に返すべき

「べき」の程度も人それぞれ違う

「時間は守るべき」「挨拶はするべき」「順番は守るべき」など、多くの人が抱く「べき」もあります。

しかし、「べき」は、人それぞれ「程度」が違うという特徴もあります。

たとえば、「時間を守るべき」で例をあげましょう。

職場で10時から会議がはじまる場合

「10分前に会場に集合するべき」と思っている人

「10時ちょうどに行けばいい」と思っている人

「職場の人が集まるのだから5分くらいの遅刻は許される」と思っている人

このように、お互いの程度の違いによって「えっ！？　なんで！？」と怒りが生まれるときがあるのです。

自分がどのような「べき」をもち、「どの程度」望んでいるのか、それらは周囲の人と同じなのか。お互いに明確に伝え合うことをすれば、ズレがなくなっていきます。

イラッとしたら、「べき」の境界線をチェック

会議の時間を守るべき

②の許容ゾーンを広げると、イライラが減る！

「怒る」「怒らない」の境界線を明確に

怒ると決めたことには適切な怒り方ができる、怒らなくていいことには怒らなくてすむようになる――。

そのためには、怒る・怒らないの境界線（「べき」の許容範囲）を明確にすることが大切です。長く付き合う相手にはとくに、その境界線を伝え、お互いの境界線を明確にしながら付き合いましょう。

心がけたい3つのこと！

境界線を広げる努力をする

自分の「べき」の許容範囲が狭いとイライラしがちになる

↓

・ほかの人にも同じ「べき」があるのか、そうでないのかを確かめる

・こちらの「べき」を相手が知っているのか、言わなくてもわかるはずと思い込んでいないだろうかと振り返る

↓

これをしていると、許容範囲が少し広がり、イライラが軽減する！

境界線を伝える努力をする

自分の「べき」が世の中の当たり前だと思っているとイライラが増える

↓

・自分がどのような「べき」をもっていて、何をどのようにしてほしいのかを相手に具体的に伝える
・「ちゃんと」「しっかり」といった曖昧な表現は避ける

↓

お互いのズレがなくなる！

境界線を安定させる努力をする

自分の機嫌によって、境界線をコロコロ変えると、相手を戸惑わせてしまう

↓

例）部下に対して「時間を守るべき」を伝えたくて叱る場合
前回は機嫌がよかったため、会議開始時間より3分遅れても叱られなかったのに、機嫌が悪いときには、会議開始時間ちょうどに来たのに「ギリギリすぎる。5分前には来るように！」と叱った

↓

境界線の広さを、自分の機嫌によって広くしたり、狭くすることのないようにする

怒りにみられる4つの性質

怒りには４つの性質があります。これを知っておくと、怒りに対してどう対処すればよいのかがわかってきます。どのような性質があるのか、それぞれ具体的に解説しましょう。

怒りの性質

高いところから
低いところへ流れる

伝染しやすい

身近な対象ほど
強くなる

モチベーションになる

1 怒りは高いところから低いところへ流れる

怒りは高いところから低いところへと流れる——つまり力の強いところから弱いところへ流れるという性質があります。

例

- **立場、役職が上である人から下の人へ**
- **知識や情報を多くもち力をもっている人から下の人へ**
- **発言力の強い人から弱い人へ**

↓

- **上の立場の人から怒りをぶつけられたとき、人はなかなか直接相手にぶつけ返さない**
- **怒りは弱い立場へ向けられる傾向がある**
- **そしてさらに低いところへと連鎖していく**

自分の怒りはもちろん、誰かに怒りをぶつけられたとき、それをほかの誰かに連鎖させないことが大切です。

2　怒りは伝染する

情動伝染という言葉があります。

嬉しい、楽しい、悲しいも含め、感情は周囲に伝染するといわれています。

とくに、怒りは強いエネルギーをもつ感情であるため、ほかの感情よりも伝染しやすい性質があります。

近くでイライラしている人を見たとき、こちらまでイライラしてしまうことはありませんか?

例

イライラして変なため息をつく、「チッ！」と舌打ちをする人、PC を不機嫌そうにカチカチと音を立てて仕事をする人、ブツブツと愚痴や不満を口に出して言っている人…

日々、次のことを心がけたいですね。
・他人のイライラが伝染して、こちらまでイライラしない
・自分自身がイライラの発信源（震源地）にならない

3　身近な対象ほど強くなる

怒りは身近な対象に対して強くなるという性質もあります。「長く一緒にいる相手のことはコントロールできるのではないか」という思い込みをもちやすくなるからです。身近な相手に対してこのようなことを思ったことはありませんか？

「言わなくてもわかってくれるはず。何度同じことを言わせるんだろう」
「私がしてほしいこと、長く一緒にいるんだからわかって当たり前」
「このくらいのことは、普通は察してくれるはず」

↓

・相手への期待が高くなり、甘えも生じやすくなる
・そのため、相手に怒りが向きやすくなり、怒りの程度も強くなる

大切な相手だからこそ、下記のことを心がけたいですね。

・長く一緒にいても、自分とは違う人間
・違う「べき」をもっている
・身近な相手でも、言わなくてはわかってもらえないと心得る

4　行動を起こすモチベーションにもなる

あなたは、馬鹿にされて怒りを覚えたり、思うような結果を出せない自分にイライラし、「よし結果を出してやる」「今に見てろ！」と奮起して、成功体験を得たことはありませんか?

怒りをバネにして何かを成し遂げるといったように、怒りは、目的に向かって行動するきっかけにすることもできるのです。

怒りを建設的な行動に結びつけたいですね。

要注意！　4つの怒りの傾向

これまでの解説で、「怒りは感じてもいい」とお伝えしましたが、次にあげる4つの傾向がある場合は、怒りが膨れあがらないよう気をつけましょう。

強度が高い

・怒ったときに自分でもコントロールできないほどの強い怒りを感じる

・怒り出したらとまらなくなってしまう

・一度怒り出したら制止できないような激しい怒りを出してしまう

頻度が高い

・いろいろなことで頻繁に腹を立てる

・いつも不機嫌に見える

攻撃性をもつ

・怒ると相手を責めて、傷つけるようなことを言ったり暴力を振るったりする

・自分を責め、自分の心や身体を傷つけるような行為（過度な飲酒、薬物依存など）をする

・モノをこわす、モノにあたる

持続性がある

・一度怒るとしばらく怒りがしずまらない

・しばらく口をきかない、不機嫌が続く…など、根にもつ

・過去のことを思い出し、そのときの怒りが湧きあがってまた怒り出す

アンガーマネジメントとは？

アンガーマネジメントとは、1970年代にアメリカで開発された、怒りの感情をマネジメント（上手に付き合う）するための感情理解教育プログラムです。
プログラム開発当初はDV（ドメスティックバイオレンス）や差別、軽犯罪者に対する矯正ブログラムとしてカルフォルニア州を中心に確立されましたが、現在では全米の教育機関や企業でも広く導入され、教育・職場環境の改善、学習、業務パフォーマンスの向上を目的に、長年活用されています。

アンガーマネジメント＝怒りの感情と上手に付き合うための心理教育・心理トレーニング

「あのとき、あんなふうに怒らなければよかった」「あのときちゃんと怒っておけばよかった」と後悔しないようになる！

アンガーマネジメントは心理トレーニングです。
少しずつでも取り組めば、怒りと上手に付き合えるようになれます。

アンガーマネジメント

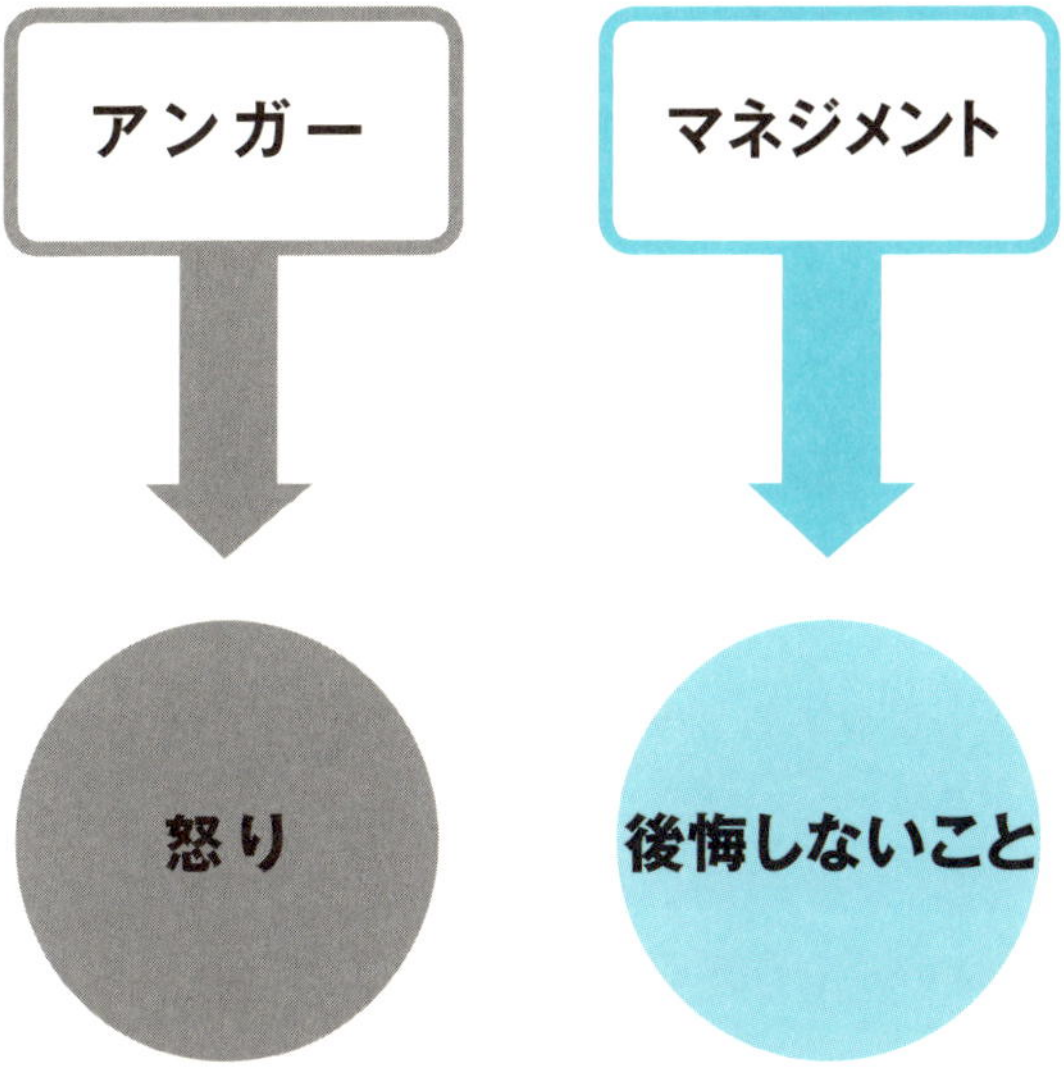
アンガー
マネジメント
怒り
後悔しないこと

（一般社団法人日本アンガーマネジメント協会の定義より）

アンガーマネジメントは日本でも注目が高まっていて、現在では教育現場や企業研修でも取り入れられているよ

COLUMN

怒りが長引くと恨みに変わる

怒りが続くと、いつしか恨みに変わることがあります。
怒りと恨みは違います。

「**怒りは生理的なものですが、恨みは病理的な感情、恨みは相手の破壊を求める**」（『家族依存症』斎藤　学著より）

という説もあるように、怒りの場合は人間にとって自然な感情であり、「○○してほしい」という思いをわかってほしいという思いからくるものですが、恨みは相手にダメージを与えることを目的としてしまうのです。

あなたに、忘れられないほどの怒りがあるならば、ぜひアンガーマネジメントに取り組みましょう。自分の怒りの傾向に気づき、怒りの程度を知ることが大切です。

自分では自覚がないのに「あの人はいつも怒っている」なんて思われないようにしたいね

PART 2

感情をうまく伝えられない人の5つの特徴

コミュニケーションが苦手な人は、感情をうまく伝えられないという特徴があります。どのような共通点があるのでしょうか。

1 怒りを「誰か」や「何か」のせいにする

自分の怒りの原因を、「誰か」や「何か」のせいにすることで、いつまでも怒りが消えないばかりか、怒りの感情自体もどんどん大きくしてしまう。この場合、相手を責める言い方になりがち。

2 「嫌われたらどうしよう」と心配しすぎてしまう

「自分がどう思うか」よりも「相手がどう思うか」を優先してしまう。これを繰り返していると、どんどん自分の正直な気持ちを言えなくなっていく。

3 すべての人に好かれようとする

八方美人タイプ。本心を言わず、人との距離を保ちながら「いい人」を演じる。これが続くと、他者と本音で付き合う関係が築けず、まわりからも深い付き合いから敬遠されてしまう。

4 怒りを溜め込み、ある日突然爆発させてしまう

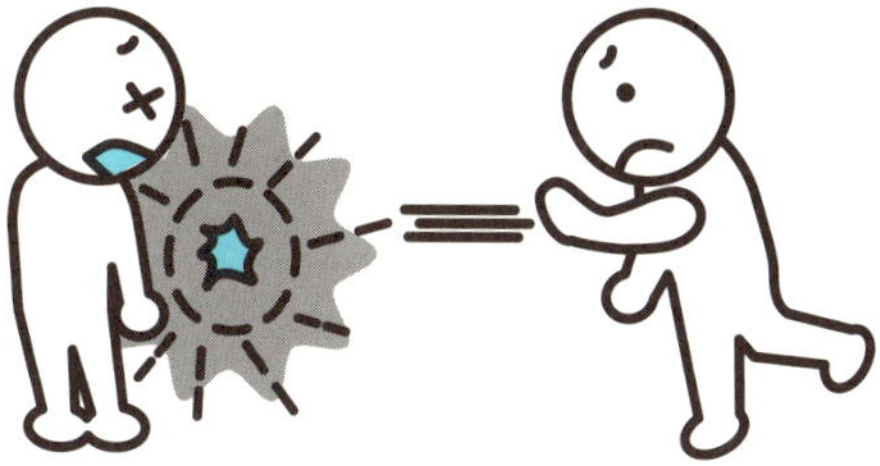

「なんでわかってもらえないんだろう」という怒りの思いがつのり、心の中の風船が爆発してしまう。この場合、２つのタイプがあり、相手に突然感情を爆発させるタイプと、内側に溜め込んで、心と身体にダメージ（メンタルヘルス不調）を与えてしまうタイプに分かれる。どちらになっても、周囲との関係を悪化させてしまう。

5 言いたいことをなんでも言ってしまう

相手がどう思うかをまったく気にせず、言わなくてもいい余計なことまで言ってしまう。これを続けていると、相手を傷つけたり、本当に相手にわかってほしいことは伝わらなくなっていく。

COLUMN

怒りは我慢しなくていい

怒りは自然な感情であり、感じること自体は悪くありません。
怒りを抑え込んで我慢していると、いつしか抱えきれなくなって、心の風船が破裂してしまいます。たとえば、胃が痛くなるといった心身の不調につながったり、相手に突然キレて、怒りを爆発させてしまうことにもなります。

怒りを抑え込んでいる自分のことが嫌いになったり、自己受容度が低くなってしまう人もいるので、我慢は禁物です。

無理に「抑えよう」とするのではなく、上手に伝える術を身につけたいですね。

COLUMN

男性にはヒステリックは×、女性には高圧的は×

男性に対して、女性が「あんたにはわからないでしょ！？」というスタンスで怒鳴ると、男性はどう対応していいかわからなったり、引いてしまったりします。

男性には、「このつらい気持ちをわかってほしかった」ということを冷静に伝えることが大切です。


一方、**男性は女性に対して**「なんでこうしたんだ」「ダメじゃないか」という高圧的な言い方をするのはNGです。「**何をどうしてほしかったのか」を言ってもらえたほうがいい**のです。怒られる内容に身に覚えがある場合は、女性も受けとめやすくなります。

ただ、女性側は「こちらの言い分も聞いてほしい」と思っているので、「なぜこういうことになったのか」理由や事情も尋ねるようにしましょう。

PART 3

感情をうまく伝えられる人の5つの法則

人といい関係を築ける人は、自分の感情をうまく伝えることができます。どのような共通点があるのでしょうか。

1 自分にとってOKかNGかの境界線がわかっている

これができると　**相手との行き違いがなくなる**

感情をうまく伝えられる人は、「イラッとするけれど、これは別に伝えなくてもいいな」というOKの境界線と、「これは、もうしてほしくないことだから、伝えよう」というNGの境界線をはっきりともっています。そのため、こちらの価値観が伝わりやすくなり、相手から不快な思いをさせられることも減っていくのです。

これはして
ほしくないんだよね
あっそうなんだ！
ごめんね。
これから気をつけるね

2 感情を伝える言葉の引き出しをたくさんもっている

これができると 誤解なく相手に気持ちが伝わる

言葉の引き出しが少ないと、自分自身の感情に鈍感になるだけでなく、相手に対して、本来わかってほしい気持ちが表現できず、誤解を与えてしまいがちです。感情をうまく伝えられる人は、自分の気持ちを表現する言葉をたくさんもっているため、相手の心にすっと届く伝え方ができるのです。

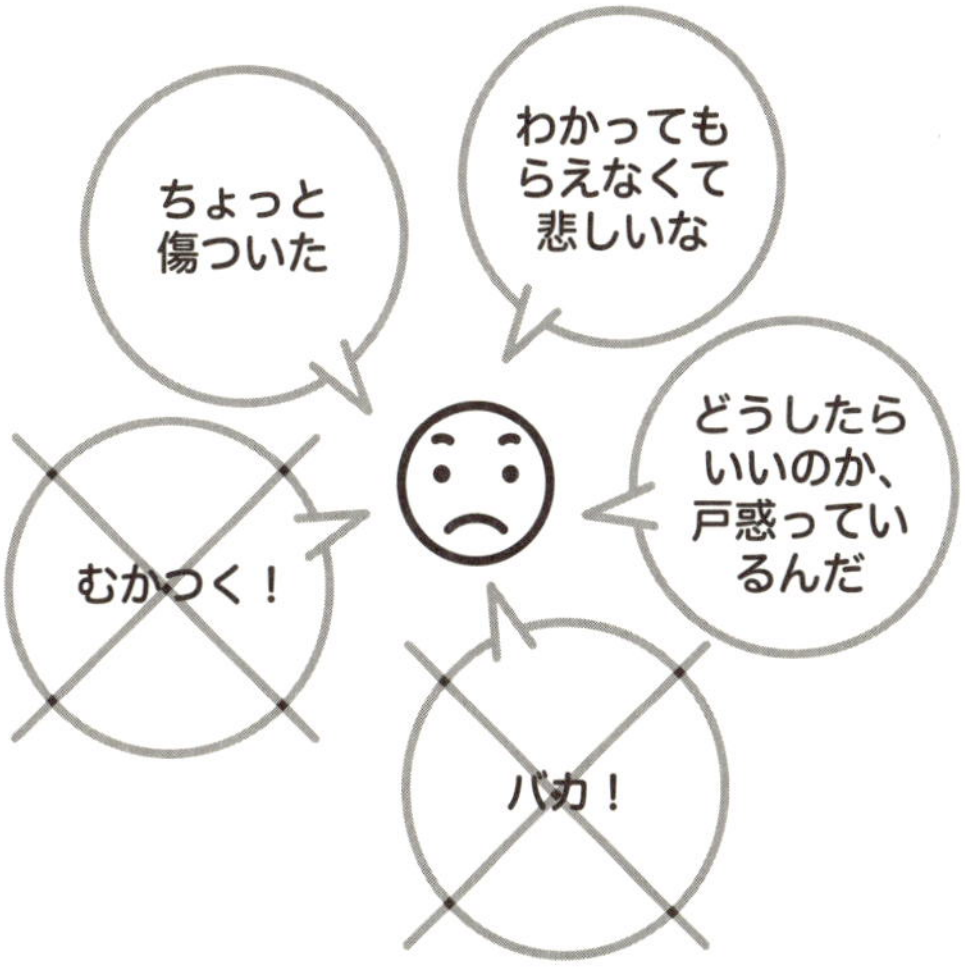

3 自分の感情の取扱説明書をもっている

これができると

「あんな対応をしなければよかった…」がなくなる

感情をうまく伝えられる人は、自分の感情の取扱説明書をもっています。そのため、怒りが湧いても、その感情を客観視できます。相手のせいにして、感情的にぶつけることもしません。そのときのベストな対応ができるようになります。

4 ときには聞き流すこともできる

これができると 相手の感情に振りまわされなくなる！

感情をうまく伝えられる人は、相手の感情に振りまわされません。相手が怒りをぶつけてきたり、こちらが不快に思うことを言ってきたとき、過剰に反応せず、ときには聞き流すことができます。これができると、余計なことでイライラしなくなります。

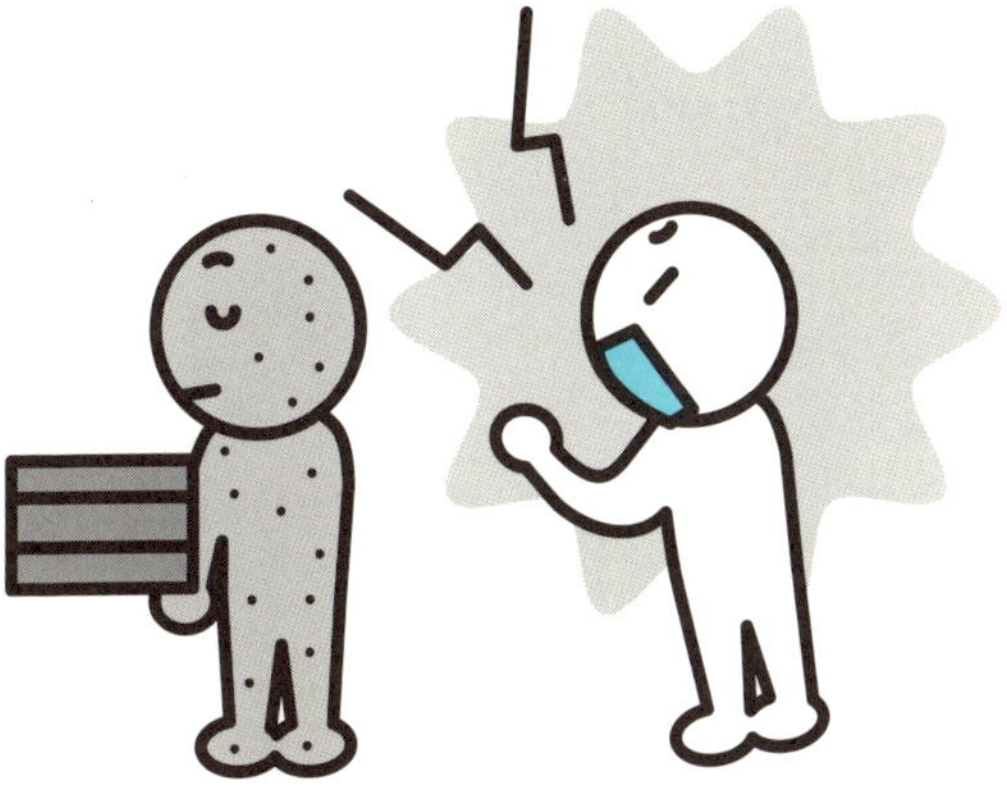

5 「自分のあたりまえ」に固執しない

これができると **相手が話を聴いてくれる！**

感情をうまく伝えられる人は、自分にとってあたりまえのことが、かならずしも相手にとってのあたりまえではないということを知っています。そうすると、「私の主張が正しい！」という思いで発言しなくなるので、相手も「こちらが否定された」と受け取らず、お互いに耳を傾けやすくなるのです。

COLUMN

怒りを伝えることは嫌われることではない

感情的な言動をすると、相手を戸惑わせてしまうことがあります。
でも、自分がどう感じたのか、どうしてほしいのかを相手に伝えることは、よい関係を築いていくためには必要なことです。

本当のよい関係は、怒りなどのネガティブな感情も含め、感じたこと、わかってほしいことを伝え合える関係ではないでしょうか。

感情的になることと、わかってほしい感情を伝えることは違います。
感情的になるのではなく、どのような感情を抱いたのかを伝えることによって本音で付き合える関係になります。「怒りを伝えると嫌われる」という思い込みを捨てましょう。

COLUMN

男性は縦の関係性、
女性は横の関係性を大切にしたい

男性にはプライドがあるので、自尊心を傷つける言葉は厳禁です。
「こんなこともわからないの？」「こんなこともできないの？」は絶対にNG。「こうしてほしかったんだよね」と伝えるだけで十分です。

女性に対しては、対等に話ができる関係を築くことが大切です。
一方的に決めつけて指示したり責めたりするのが逆効果なのはもちろんのこと、「みんながこう言っていたぞ」という言葉は絶対にNG。「自分以外が敵なんだ」と思わせてしまうと、疎外感を感じて良好な関係を築けなくなってしまいます。

女性は、「自分の考えをわかってもらいたい」という思いが強い傾向があるので、「そうだよね。あなたはここまでがんばってきたんだもんね」という共感を大切に、対等な関係づくりを心がけましょう。

PART 4

怒らない伝え方 10のポイント

人のコミュニケーションのタイプは3つに分かれます。本章では、感情的にならず、上手に伝えるための10のポイントについて解説します。

会話上手な人がやっている「アサーティブコミュニケーション」

アサーティブコミュニケーションとは?

お互いの主張や立場を大切にした自己表現のこと

自分の思いを、率直に正直に、その場に合わせて表現することを指します。

そして、相手にもそうしてもらうことで、対等に向き合う対話を心がけるのが、アサーティブコミュニケーションです。

コミュニケーションの3つのタイプ

自己表現のタイプは大きく3つに分かれます。

攻撃キャラ
（攻撃的）

受身キャラ
（非主張的）

伝え上手キャラ
（アサーティブ）

攻撃キャラ（攻撃的）

相手を抑えて自分を通す

コミュニケーションのクセ

・自分の言いたいことを一方的に言う
・威圧的・感情的になることがある
・相手の気持ちを無視して、自分の要求を押しつける
・理詰めで追い込む
・思い通りにならないとやつあたりする

このタイプの人の行動パターン

・相手より、自分が優位に立とうとする
・勝ち負けで物事を決めようとする
・相手に後味の悪い思いをさせることも

攻撃キャラの口ぐせ

●一方的●

「なんで報告しないんだよ。何回言ってもわかってないな！」

「あなたっていつも、家事をしないで自分のことばっかりよね！」

●威圧的・感情的●

「つべこべ言わずにやってくれよ！」

「どうしてあなたは何もわかってくれないのよ！」

●押しつけ●

「普通こういうときって、こう対応するのが当たり前だよね!?」

「そっちの予定はキャンセルして付き合うのが当然だろ!?」

●理詰め●

「この仕事は期限通りに終わるって言っていたよな？　一度言ったことをすぐ変更するなんてありえないぞ！」

「昼間は何もすることがないんだから、このぐらいの家事はちゃんとできるんじゃないの!?」

●やつあたり●

ドアをバタンと閉める、書類をどさっと置く

まわりに聞こえるような大きな溜息をつく

（関係ない部下に）「さっさと仕事をしろよ！」

食器をガチャガチャさせながら洗う

（子どもに）「うるさいから、あっちに行ってらっしゃい！」

受身キャラ（非主張的）

自分を抑えて相手を立てる

コミュニケーションのクセ

・自分の思いを言い損なう
・いいわけがましい
・遠回しに言う
・語尾まで言わない「私はいま、いろいろな仕事を抱えているんですけど…」
・我慢が重なると、爆発することもある

このタイプの人の行動パターン

・意見を言わず、波風を立てないようにする
・「わかってもらえない…」というあきらめの気持ちをもっている
・「こんなにやってあげたのに…」という恩着せがましい気持ちをもつことも

受身キャラの口ぐせ

●意見の言い損ない●

（心の中で）「なんでこの人ってこうなんだろう…」

（心の中で）「どうせわかってもらえないんだろう…」

（心の中で）「なんで自分の気持ちを言えないんだろう…」

●いいわけ●

「私だけが思っているわけではないんだけど…」

「こんなことを言うのは私の本意ではないのだけれど…」

●遠回し●

「こんなことを言うのはどうしようかと思ったんだけど…あなたが△△を直してくれるといいんだけどな…」

「本当は言うのをどうしようか迷っていて、あの、これは私だけが思っているわけではないんだけど…」

●語尾まで言わない●

「大事なことはすぐに報告してくれたほうがいいんだけど…」

「急に予定を変えられても、私も大変なんだけど…」

●我慢の爆発●

「なんで私ばっかり我慢しなきゃいけないんですかっ!?」

「なんにもわかってないわよね！　あなたって！」

伝え上手キャラ（アサーティブ）

お互いの主張や立場を大切にする

コミュニケーションのクセ

・自分の思いを率直に、正直にその場に合わせて表現する
・相手の意見を受けとめて話し合える
・相手に歩み寄り、お互いにとって気持ちのいいコミュニケーションを大切にする

このタイプの人の行動パターン

・本当に伝えたいことを、具体的でシンプルに伝える
・相手と会話のキャッチボールをしながら、一緒に問題解決していく

伝え上手キャラの口ぐせ

●率直に正直に表現●

「そう言われると、正直なところ、私も戸惑うな」
「楽しみにしていた約束を破られると悲しいな」

●相手の意見を受けとめた話し合い●

「○○さんはそう考えているんだね。私はそれに対してこう思っているのだけど、どうかな？」

●歩み寄り●

「こういう代替案もあるけど、検討してもらえないかな？」

「一緒に暮らしていくために、意見を出し合って、お互いにとって無理のないやり方を決めようよ」

伝え上手な人は、お互いの意見が違ったとしても、簡単に妥協することなく、問題解決に向けて話し合うよ。この過程を大切にしているから、信頼される人になっていくんだね

攻撃的な人、非主張的な人には共通点がある

自己受容度が低いこと

非主張的な人は自己受容度が低く、自分を卑下してしまう傾向がある。攻撃的な人は自己受容度が高そうに見えるが、低さを防衛するための攻撃をしている

‖

相手と比べて自信がないから相手を攻撃する

間違いを指摘されたり、失敗をしたとき、謝ったら負けだと思ってしまう。そのため、言い訳をしたり、何かのせいにして攻撃的になる。つまり、相手に負ける前に、勝つための攻撃をする。

自己受容度が高いアサーティブな人は、間違いを認めても自分の価値が下がるとは思わないので素直に認められる。

非主張的な人は相手の攻撃性を高める

相手が攻撃的な人の場合、こちらが非主張的になると、相手の攻撃性を強めてしまうことになる。

相手が自分に攻撃的なのは、自分の関わり方にも問題があるとも考えられる。

アサーティブでも結果が思いどおりにならないこともある

アサーティブに伝えても、思うとおりに結果が収まらないこともある。

たとえば、クレームを言ってきた相手に対しての対応や、部下を叱ったとき、こちらがアサーティブに対応しても最後に相手がスッキリ受けとめるとは限らない。

渋々納得するようなこともある。

そのようなときは、相手と対等に向き合って、自分が伝えなくてはいけないことを率直に伝えたということをゴールにするのが◎。

1 何を一番言いたいのかはっきりさせる

怒りが湧いてきたとき、何に対してどう感じたのか、本当はどうしてほしかったのかをはっきりさせて伝えましょう。

◎

「この資料は、お客さまのご要望に合うように、こんなふうに仕上げてほしかったんだ。今後大切な仕事をまかせようと思っていたから、正直なところ不安になってしまったんだ」

✕

「入社3年目になったら、普通はこれぐらいのことができるよね」

2 自分の本当の気持ちを言葉にする

自分の感じたそのままの気持ちを正直に伝えたほうが、変にオブラートに包むより、ストレートに相手に響きます。

○

「休日に出かけてしまってばかりで寂しいな。私も一緒にどこかへ出かけたいんだよね」

×

「なんで出かけてばっかりでいるの!?」

「あなたは私と出かけるよりも、友人たちと出かけるほうが楽しいんだよね…」

3 相手の人格ではなく、とった行動に注目する

相手そのものを否定するのではなく、その人のとった「行動」についてどう感じたのかを伝えましょう。そうすることで、相手自身も、改善したほうがいいポイントがわかりやすくなります。

○

「チームで決めた約束は守ってほしいんだ」

×

「本当にいいかげんな性格だよね」

「だらしない人だよね」

4 注意するときは、何がどう変わってほしいかを具体的に伝える

注意をするときは、相手に誤解なく伝わるように、どう改善してほしいのかを具体的に伝えるのがポイントです。曖昧な表現は、新たな行き違いを生みがちです。

○

「今日は大切な会合だから、襟のついたジャケット着用で黒のパンプスで来てくださいね」

×

「ちゃんと」
「しっかり」
「きちんと」
「社会人らしい身だしなみで来てね」

5 「私はこう考えています」という言い方をする

「私は」という主語で伝えたほうが、あなたの言いたいことが率直に伝わります。「私はこう思った」と言われれば、相手も責められた気持ちがしないので、素直に受けとめやすくなります。

○

「私は君に、○○してほしかったんだ」

×

「君がこうしてくれればよかったのに！」
「みんなが君のことをよく思っていないよ」

COLUMN

間接的に人を攻撃する人もいる

直接的ではなく、間接的に相手に後味の悪い思いをさせる人がいます。具体的には次のような行為があげられます。

●嫌味を言う
●その人の立場が悪くなるようなうわさ話をする
●「誰かが悪口を言っていた」と本人に伝える
●裏で足を引っ張る行為をする
●嫌な表情をする
●舌打ちする
●人に聞こえるように溜息をつく
●わざと音を立てて仕事をする

これらのことをしてしまうと、人から「関わると面倒だな」と思われてしまい、話し合いをすることや、対等なやりとりができなくなっていきます。感情的になると、ついやってしまいがちではありますが、気をつけましょう。

あなたのまわりにこういったことをする人がいる場合は、ぜひ振りまわされないようにしたいものですね。

6 言葉だけでなく、態度にも気をつける

言葉は同じでも、どのような態度で表現をするかによって、相手への伝わり方はまるで違ってきます。「これは伝えたい」と思うことは、真剣な表情で相手の目を見て伝えるようにしましょう。

◎ **「私はあんなことを言われて、正直なところ傷ついたよ」**

× 「怒ってないよ」

言い方や表情が不機嫌

7 相手と対等の関係で伝える

自分の気持ちを伝えるときには、立場やキャリアの違いに振りまわされず、対等なひとりの人として向き合うようにしましょう。威圧的な態度でコントロールしようとしたり、必要以上にへりくだると、逆効果です。

◎

「恐れいります。私は突然のこの判断には、少々困惑しています」

×

「こんなことを言っていいのか、とても迷っているのですけれども…悪く思わないでほしいのですけれども…」

8 怒りはキャッチボールで伝え合う

怒りが湧いて、その気持ちを伝えたいと思ったときには、相手を打ちのめそうとしないことがとても大切です。相手もこちらに意見のボールを投げられる余地を残しましょう。ドッヂボールになることだけは避けたいですね。

○

「もっと子どもにも関心をもってもらいたいの。私ひとりにまかされることが多くて大変なのよ。子どもと一緒に出かける時間をとってくれない？」

×

「あなたって子どものことなんて全然考えないで、仕事のことにしか興味がないに決まってるのよ！　父親として失格よね！」

9　「自分が正しい」という気持ちで話さない

気持ちを伝えるときの目的は、「私が正しくてあなたが間違っている」ということを認めさせることではありません。「こうしてほしいんだ」という要望を伝えたほうが、怒らずに、意図をわかってもらうことができます。

○

「こういうときには、自分から動いてお客さまをお待たせしないようにしてね」

×

「普通はこういうときには、自分から動くべきだよね。なんでこういうふうにしなかったの?」

10 相手の怒りに過剰反応しない

怒らない伝え方をするには、「相手の怒りの感情は相手のもの」だととらえましょう。これができると、相手の態度に振りまわされずに落ち着いた対応ができ、不毛な言い合いを防ぐことができます。

相手

「だいたいあんたはこちらの言うことがわかっていないんだよ！」

◎

「恐れいりますが、わかっていないということは、具体的にどういうことなのか、教えてもらえませんか？」

落ちついてゆっくり

✕

「何がですか？　こちらだってちゃんとやっているんですけど！」

売り言葉に買い言葉で

「……（なんでそんなことを言われなきゃいけないんだ）……」

黙りこくる

COLUMN

長すぎるアドバイスは説教になる

相手に何かを改善してほしいときに、「ああすればいい」「こうすればいい」というアドバイスを延々としてしまうことがあります。

これは「うまく叱れない」「叱りたくない」という人に多くみられる傾向です。
よかれと思って、自分の経験にもとづいたアドバイスを言い続けると、相手は「私は結局できていないんだな」と感じてしまったり、「『ああしろこうしろ』とくどくどと言われているような気がしてうんざりする」という印象を与えてしまいます。

何かを改善してほしいときは、一度にいくつものことを言おうとせず、簡潔に「こういうふうにしたらいいんじゃない？」「どう思う？」といった投げかけにしたいですね。

COLUMN

「言えない」と「言わない」は違う

アサーティブには、「言わない」という選択もあります。
心の中で「○○してほしいな」と思ったとしても、状況やその後のことを考えて、「これは言わなくてもいいかな」と判断したら、言わなくてもいいのです。これは、非主張的な人がしがちな「言えない」とは違います。

非主張的な人は、「嫌われたくない」などと気にして、結果的に言えなくなり、あとで後悔します。
でも、「言わない」と決断したアサーティブな人の場合は、言わなかったことを後悔したり、自分や相手を責めるような気持ちにはなりません。

「言う」「言わない」の決断を自分自身で責任がとれること、その潔さ、見極めができることもアサーティブでは大切なのです。

PART 5

感情別
相手に伝わる
９つの言い方

同じ出来事を体験しても、どのような感情を抱くのかは人によって違うもの。

では、その気持ちをどのように伝えるのが適切でしょうか？

本章では、感情が湧いたときに、自分の気持ちが相手に気持ちよく伝わる言い方について解説します。

悲しいとき

悲しみの気持ちは、愛するものとの別れや何かを失ったことが原因で湧いてくることが多いものです。繰り返し思い出す分、たとえば恥や驚き、苛立ちなどのほかの感情より、長く続くともいわれています。

✕ 相手を責める、突き放す

なんでそんなことをするんだ!?

どうせ私のこんな気持ち、
あなたにはわからない

大丈夫（無理して言う）

POINT

- 本来わかってほしい気持ちが伝わらない
- 言われた相手も、不快な感情しか湧かない

何について悲しいと感じたのかを伝える

それをされると、すごく悲しいよ

いまは本当に悲しいという気持ちしか
湧いてこないんだ

POINT

誤解されて
約束を破られて
理解してもらえなくて
嫌なことを言われて
何かを失って

…など、何が悲しかったのかを言葉にすると、相手の心に届きやすい

怒りや悲しみで混乱すると、心にないことをつい言ってしまうこともあるよ。どのような言葉で伝えたらいいか落ち着いて考えよう

悔しいとき

悔しい気持ちは、頑張ったのに思うような結果が出ないとき、人から評価してもらえないとき、他人ばかり認められていると感じたときに湧きやすい感情です。

✕ 相手を下げる

あなたくらいの人はいくらでもいるわよ

私だってそのくらいのことはできるから

〇〇さん、頑張ったよね。
期待はしていなかったけど

POINT

- 相手を下げるような発言はNG
- 負け惜しみを言っているように聞こえてしまう
- 結果的に、自分の評価を下げてしまうことも

◎ 自分自身がどう感じたかということのみ伝える

私も次は頑張る

私、○○を頑張ったのに思うような結果が出なくて、正直なところ悔しいんだ

POINT

- 他者のことを話題にしないほうが潔く聞こえる
- 悔しさを次へのやる気に変えるのは◎

燃え尽き症候群にならないように注意しよう
悔しい気持ちをバネにして、成果をあげる人もいるよ！

不安なとき

不安な気持ちは、たとえば「失敗したらどうしよう…」「地震が起きたらどうしよう…」「嫌われたら…」「年金がもらえなかったら…」など、未来のことについてマイナスの想像が湧いてきたときに生じやすいものです。
あまりに不安が強いと、心身ともに疲れてしまうこともあります。

✕ マイナス発言を言い続ける

〇〇が起こったら、どうしよう

〇〇できなかったらどうしよう
あのこともどうしよう…

POINT

・何が不安なのかわかっておらず、さらに不安を大きくしてしまうとも
・繰り返しその言葉ばかりを言っているとしつこいと思われる
・聴き手も真剣に受けとめてくれなくなる

✕ アドバイスを否定する

でも…

だって…

そんなことを言ったって…

POINT

- アドバイスを跳ね返してばかりいるのはNG
- 相手をうんざりさせてしまう

不安を溜め込むと身体にもよくないよ
不安なことを書き出して、対応できることはしておこう

対処にも目を向ける

いま、○○のことが不安だなぁ
じゃあどうしようかなぁ

私は○○のことが不安なの
どうしたらいいと思う?

POINT

・正直な気持ちを打ち明けるのはOK
・同時に解決にも目を向けると、相手に不快を与えない

「どうしよう」と思ってばかりいても何も解決しないから、「そうならないためにどうしたらいい？」と考えるクセをつけるといいね

COLUMN

苦手な相手と仕事を しなければならないときには…

□「この人に嫌われている」「いやだな」「きっとこう思われるにちがいない」というネガティブな気持ちはいったんはずす
□身構えない
□何をどうしてほしいのか、伝えたいことを率直に伝える
□フラットな気持ちで伝える
□最後に、「どうもありがとう」「助かった」と伝える配慮があると◎

以上のことに気をつければ、気まずいこともなくやりとりできますよ。

困惑しているとき

困惑する気持ちは、どうしたらよいかすぐに判断がつかないときや、思いもよらない困ったことをされたときなどに、湧いてきやすい感情です。

✕ そのまま苛立ちをぶつける

> **えっ…何？　どうしよう**（ただオロオロする）

> **わけがわからないのですが**

> **困るんですよね。**
> **そういうことをされると…**

POINT

- 相手を責めると、余計にこじれてしまう
- イライラを込めて発するのはNG

落ち着いた態度で はっきりと伝える

（すぐに判断がつかないことを言われた）
どうしていいかわからなくて戸惑っています

（相手が攻撃的な発言をした）
なんて言っていいのか迷っています

（相手からの要求が二転三転する）
変更が多いと、
こちらもどう対応していいのか、戸惑います

POINT

・そのときの気持ちを正直に伝えることも、ときには重要
・相手が攻撃的なときに、ひるんで言葉を呑みこむと逆効果
・何に対して困っているのかを含める

寂しいとき

寂しいという気持ちは、孤独を感じたり、「わかってもらえない」という状況のときに抱きがちな感情です。

✕ 否定語を使う

誰も私の気持ちなんてわかってくれない

どうせ私のことなんてどうでもいいんでしょ

POINT

- 卑屈なかんじになると、余計に相手にわかってもらえなくなる
- 「めんどくさい」と思われてしまうことも
- すねてしまっている

根底にある
素直な気持ちを伝える

ひとりぼっちになった気がして、
寂しかったんだ

わかってもらいたい人に、
わかってもらえていないような気がして、
ちょっと寂しかったんだ

POINT

- 素直に「寂しい」と伝えるのが◎
- そうすることで、相手の心にすっと届く
- 「寂しい」と言える人は可愛げがあると思われやすい

寂しいと感じることはあってもいいんだよ。その気持ちを受けとめることも大切なことなんだ

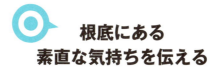

がっかりしたとき

がっかりするという気持ちは、自分が思い描いていた期待通りにならないときに、相手や自分に対して湧いてきやすい感情です。

✕ ただ相手を責める

どうして約束破るのかな！　最低！

……（ずっと不機嫌で口をきかない）

なんであなたはいつも私を
がっかりさせるのよ。残念な人ね

POINT

・「あなたは○○！」という言い方は人格否定になってしまうので✕
・黙っていると問題が解決せず、相手も戸惑ってしまう

がっかりした理由を伝える

出かける約束をとっても
楽しみにしていたのよ

だから行けなくなって、がっかり…

POINT

- 何を期待していたのかを素直に伝える
- がっかりした理由を伝えたほうが、相手に通じる
- クレームを言う場合も同じことがいえる

クレームを言うときには、どのような期待をしていたかを伝えてみよう

恥ずかしいとき

人前で怒られたり、失敗したり…公の場で自分が恥をかいたと思うとき、「恥ずかしい」「情けない」といった感情が湧いてきます。

✕ 感情的に返す

急に言われて準備する暇がなかったのに！
なんでそんなこと言われなくちゃいけないんですか！

みんなの前でそんなことを
言わなくてもいいじゃないですか！

そんな恥ずかしいことはできません！
なんでそんなことをさせるんですか！

POINT

- 感情的になって相手を責めるのはNG
- 何かのせいにするのもNG

冷静に伝える

先ほど指摘されたことに関しては
気をつけます。ひとつお願いしたいのが、
みんなの前ではなく、
今後は個別にご指摘いただけないでしょうか

POINT

・時と場所を変えて伝える
・どうしてほしいかを冷静に伝えるほうが心に届く

「ズボンのチャックがあいているよ」など、相手がみんなの前で言われて「恥ずかしい」と思うことは個別に言おうね

嫉妬してしまったとき

嫉妬の気持ちは、自分と近い存在の人に抱くことが多いものです。誰かと自分を比べ、自分ができていないことができている相手に対して生じる感情です。

✕ 人と比較して マイナス発言をする

なんであの人と仲良くするのよ

私がこんなに〇〇してあげているのに

なんであの人ばっかり

私のほうが頑張っているのに

いいわよね、
○○さんはみんなにチヤホヤされて

POINT

・相手を攻撃する言い方は、好感度を下げてしまう
・自分を落として発言すると、卑屈だと受け取られやすい

相手の評判が悪くなるような悪口や、足を引っ張る行為をしてしまう人もいるね

「私」を主語にする

○○さんと仲良くしているのを見て、
ちょっとやきもちを焼いちゃったな

私もいま○○に取り組んでいるので、
ぜひ○○のチャンスをください

私も○○さんみたいになりたいと
思っているんだ（明るく）

POINT

・自分を主語にして伝える
・相手を責めずに、素直に感じたことを伝えると、気持ちよく相手に届く

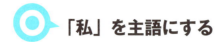

COLUMN

嫉妬心にとらわれてしまったら…

嫉妬の感情が湧いてきたときには、こんなことを棚卸ししてみましょう。


「相手のどんなことところが羨ましいの？」

「気になるの？」

「自分が手に入れていないことだから？　できないことだから？」


いったん棚卸しができたら、次に「できるためにはどうしたらいい？」と考えてみます。

また、「自分にもヨイところはある」と目を向けてみると、人と比べてがんじがらめになっている状態から、抜け出しやすくなりますよ。

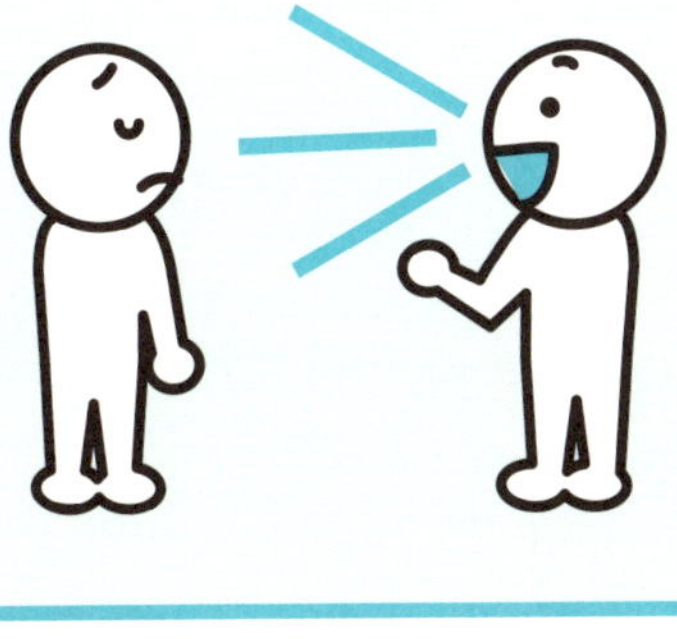

後悔しているとき

後悔の感情は、過去の失敗や、できなかったことにこだわり続け、「ああしておけばよかった」とマイナスな気持ちで振り返るときに湧いてきやすいものです。

✕ 過去のことばかりに目を向ける

〇〇しておけばよかった

〇〇していたら、こんなふうにならないのに

なんで〇〇しなかったんだろう
(してしまったんだろう)

POINT

- どうにもならない過去のことを言われると、聴き手は疲れてしまう
- 何度も言うとうんざりさせてしまうのでNG
- ずっと後悔し続けていると、イライラもなくならない

未来に目を向ける

今度は○○しよう（しないようにしよう）

○○してしまったものは変えられないものね

POINT

・過去の失敗を生かそうとする発言は好感度大
・未来に目を向けた発言をする
・未来に目を向けた言葉を使うと、考え方もプラスに変わってくる

「過去と他人は変わらない。でも自分が変わればこれからの未来と相手は変わる可能性がある」という言葉もあるよ

COLUMN

ムカムカがとまらないとき、どうしたらいい？

「なんだか最近イライラする」「いろいろなことにムカムカする。以前はこんなにイライラすることはなかったのに…」と思うことはありませんか？


そんなときには、自分の心の中をのぞいてみましょう。

心の器に、悲しい、つらい、不安、困惑、疲れた、寂しいなどのネガティブ感情が溜まっているかもしれません。

何に対しての、どのような感情が潜んでいるのか。

自分の感情と向き合い、一つひとつ整理してみましょう。**自分を責めることなく、一つひとつの感情を認め、どうしたらいいかを考えてみましょう**。


ときにはその気持ちを誰かに聴いてもらったり、気分転換になるような時間をつくってみるのもおすすめです。

PART 6

シーン別 伝え方 ～仕事編～

さまざまな人と時間をともにする仕事の場面では、イラッとすることもたくさんありますね。

本章では、仕事で怒りが湧いてきたとき、どんな言葉を返せばいいか、フレーズを紹介しながら解説します。

ほめるとは？

「ほめ方がよくわからない」という相談をよく受けます。ほめるということは、一見いいことに思えますが、じつは思わぬ逆効果を生んでしまうこともあります。具体的にどういうことか、見ていきましょう。

ほめることの弊害

- 相手をよい気分にさせ、思い通りに動いてもらうためにほめると、「私をコントロールしようとしているんだ」と相手に見透かされてしまう
- とってつけたようにほめられると、「この人は、思ってもいないことを言っている」と相手に思わせてしまう

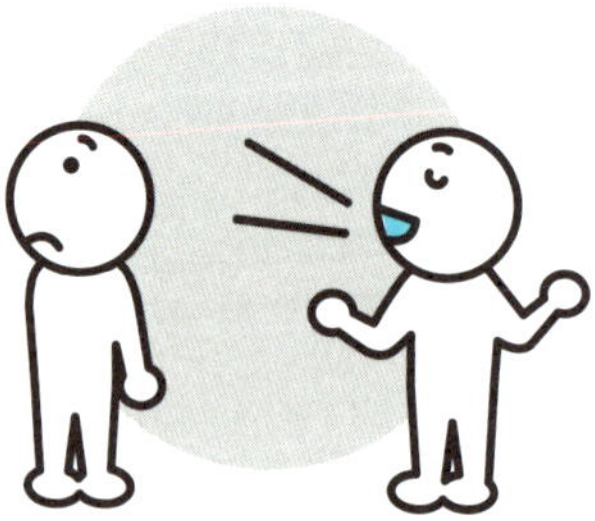

相手を認めるときには、勇気づけのスタンスを

勇気づけとは…

- 勇気づけは、困難を克服する活力を与えるもの
- 相手がよい状態のときにはさらに相手を元気にし、落ち込んでいる人には、活力を与える

結果として、相手が自分自身を勇気づけられるようになる

勇気づけのポイント

- 「相手を思い通りに動かそう」という気持ちはもたない
- 相手のよいところに目を向けて素直に言葉として伝える
- 相手が貢献しているところに目を向けて認める、感謝を伝える

してはいけないほめ方フレーズ

✕ ○○さん、さすがだね。
これもやってくれないかな？

POINT 評価的。何かをさせるために、とってつけたようなほめ方になっている

✕ ○○さん、やればできるじゃない！

POINT
・「これまではできていなかった」と暗に伝えている
・慕っていない相手に言われると、言われたほうはカチンとくる

✕ ○○しているなんて、えらいね

POINT ・上からモノを言われている気持ちになる

心がけたい勇気づけフレーズ

〇〇してくれてありがとう！
おかげでとても助かったよ

POINT 貢献してくれたことに注目

〇〇さん、本当によかったね！
私もうれしいよ

POINT 共感し、ともに喜ぶ

〇〇さんがこの職場に
いてくれて、本当によかった

あなたが私の子どもで、本当によかった

POINT その人の存在そのものに感謝する

叱るとは?

叱ることへの苦手意識が強い人はたくさんいます。「叱ると嫌われてしまうのでは?」「パワハラだと思われるのでは?」「辞めてしまうのでは?」といった理由から、叱ったことがほとんどない上司がとても多くいるようです。

一方、部下たちからは、「叱られないのは成長を期待されていないから?」「放任されているようで悲しい」という意見がよく寄せられます。

ここでは、叱り方について解説します。

叱ることの目的・ポイント

- 「叱る」は、相手の成長を願い、のぞましい行動をしてもらうための動機づけ
- 相手をやりこめ、再起不能にすることが目的ではない
- その人そのもの(人格)を否定しない
- 改善してほしい行動に対して、「どうしてほしいのか」、「それはなぜなのか」を伝える

してはいけない叱り方フレーズ

×「なんでこんなこともできないの!?」（原因追求）

×「遅刻するなんて、そもそも生活がだらしないからだ！」（人格否定）

×「君が失敗すると俺の評価が下がる！」（自己保身）

やってはいけないそのほかの叱り方

- 叱っているうちに本題からそれる
- 遠回しに笑顔で伝える
- 威圧的に、恐怖で動かす
- 長時間叱ったり、アドバイスをしすぎる
- 感情的で激しく爆発
- 嫌味を言う

叱るときのポイント＆フレーズ

1 何について、なぜ叱るのか、どのように改善してほしいのかを伝える

「企画書の提出日時のことで話があるのだけど、今いいかな？　今回、提出期限が遅れているよね。約束した期限は守ってもらいたいんだよね。そうしないと、その企画書を待っているお客さまとの約束を破ることになるよ。それによってお客さまの信頼を失うことも考えられるから」

2 伝えることは一度にひとつのことに限定する（あれもこれも叱らない）

「企画書の提出日時のことで話をしたいんだ」

3 次のチャンスを与える

「今後は、決められた提出期限を守るようにしてほしい」

4 相手にも事情があるならば、それに耳を傾ける

「何か守れない事情があったなら、聴かせてくれないかな？」

「今後、もし守れない事情が起きたなら、早めに相談してほしい」

やりこめるのではなく、相手が「次回からは気をつけて直そう！」と思うように伝えよう

自分から謝ろうとしない相手に、意見を伝えたい

✕

「なんで謝らないの？　普通はこういうときに謝るよね」

POINT

・「普通は」は禁句

・「なぜ?」と相手を責めると、相手はますます素直に謝らなくなる

◎

「こういうときは、まず、謝ってほしいんだ」

「いろいろな事情があるとは思うけれど、迷惑をかけたことに関しては謝ろうよ。そうしないと、どんな事情があったのかについても、耳を傾けてもらえなくなってしまうよ」

POINT

・冷静に

・率直にどうしてほしいかを伝える

・なぜ謝ったほうがいいのか、理由も伝える

仕事中に私語ばかりしている部下に注意したい

×

「もっとてきぱきと仕事をしてくれないかな」

「無駄口をたたいてばかりいないで仕事をしろよ」

POINT

- 「てきぱきと」など曖昧な表現はNG
- 「無駄口をたたく」という表現が、相手の神経を逆なでする

◎

「就業時間中は、仕事に集中してくれないかな。おしゃべりは休憩中にしてね」

POINT

- してほしいことを明確に
- 長々と言わずに、手短に伝える

上司が「やる気がないんじゃない?」と感情的に言ってきた

✕

「…あ…すみません…」

ビクビクしながら

「はぁ?　がんばってますけど!」

反抗的に

「しょうがないじゃないですか。お給料も低いし」

「やる気ってどうやって出せばいいんですか?」

「…(なんでこんなことを言われなきゃいけないの?)…」

無言で溜め込む

◎

「やる気がないというのは、具体的にどういうときにそう見えるのか、教えていただけますか?」

POINT

- 落ちついて言葉を返す
- 相手の言い方に反応しない
- 相手が何を言いたいのかを尋ねて確認する

電話を率先してとらない派遣スタッフに注意をしたい

✕

「……」

言いづらくて言えない

「みんな忙しいのだから、電話ぐらいとりなさいよ」

◎

「○○さんにも、この職場の電話が鳴ったらとってほしいんだ」

「3コール以上お待たせすると、お客さまの印象も悪くなってしまうので、協力してほしいんだ」

POINT

- 「協力してほしい」という言い方は、ソフトなお願い言葉で◎
- どうしてほしいかを具体的に言えば、伝わりやすい

部下の言葉づかいがなれなれしい

×

「…(むかっとしながらも言えない)…」

「ちょっとなれなれしいんだよね」

◎

「職場では、立場が違うのだから、その言葉づかいではなく、敬語を使ってほしいんだ。ほかの部下やお客さまも、それを聞いたときに、あなた自身の評価が下がってしまうことも考えてね」

「職場では、あだ名ではなく、〇〇さんと呼んでくれないかな」

POINT

- 真剣な態度で
- どうしてほしいのか、その理由はなぜかを率直に伝える
- 感情的にならず、落ち着いて

言えないまま、相手を嫌いになってしまうことも

何度も同じ話を繰り返す上司の話をとめたい

×

「その話はこの間も聴きましたよ」

「またその話ですか。もう5度目ですよ」

POINT

- 相手に恥をかかせてしまう発言は×
- 相手とのその後の関係に響いてしまう

◎

「そうですよね。それは素晴らしいことですよね。ところで…」

「そうですよね」

と言って席を立つ

POINT

- いったん相手の話は受けとめる
- さりげなく話題を変えるのが自然で◎
- いったん受けとめたうえで、その場を離れるのもあり

機嫌が悪く、職場の空気を悪くする人に接しなければいけない

「おはよう！」
「おつかれさま」

相手の怒りに影響されず、普段通りに挨拶をする

仕事のお願いをしなくてはならないときも、「〇〇をお願いします」と依頼する内容を簡潔に伝えるのみ

声をかける必要がない場合には放っておくという選択もあり

POINT

・相手の怒りに影響されないように振る舞う
・手短かに必要な用件を伝える
・相手の怒りは相手の感情であり、自分の感情ではないと思う

「○○さん、なんだか今日はイライラしているように見えて気になって声をかけたんだけど、何かあった？　○○さんが言っていることが職場に響いて、仕事をしていて気になってしまうことがあるのよ。できれば職場では感情をあらわに出さないほうがいいかなと思うんだ」

職場の雰囲気が悪くなるからどうしても言いたいと思えばそれも選択肢のひとつ。ただ、相手がそれに対してどんな反応を示すのかは自分の責任として引き受けるということを前提として声をかけよう
相手の怒りの感情をコントロールすることはできないものだよ
相手の影響を受けないようにしたいね

人格否定のような批判をする人に、意見を伝えたい

例 「君の報告書は誤字が多い。これからは提出する前に見直してくれないかな。本当に、君は使い物にならないな！」と言われた

✕ 「どうせ使い物にならないですよ!!」

✕ ふてくされる

✕ 物にやつあたりをする

POINT

・大人げがないと思われてしまう

・改善すべきことを直す意志がないと思われてしまう

「使い物にならない」という言葉を聞き流す

「私の報告書に誤字が多いことは、本当に申し訳ないと思います。以後、おっしゃる通り見直すよう気をつけます。しかし、『使い物にならない』とまで言われると傷つきますし、ショックです」

批判は耳の痛いことでありショックを受けてしまうこともあるけれども、改善しなくてはいけない事実が含まれている場合もあるよね

POINT

- どのように感じたかを感情的にならないように落ち着いて伝える
- 相手に反論するときは勝つことを目的としない

なんでも丸投げする無責任な上司に手伝ってほしいことがある

✕

「○○課長はこのプロジェクトのリーダーなんですから、丸投げしないで、少しは手伝ってください！」

◎

「恐れいります、できれば○○はお願いできませんか？　他部署との折衝はぜひ、○○課長がしてくださったほうが円滑に進むのではないかと思います」

POINT

- 担ってほしいことを具体的に伝え、それはなぜなのかという理由も伝える
- 相手を責めずに力を借りたいという姿勢で伝える

職場の後輩がグチばかり言ってくる

✕

「『〇〇さんはグチばかり言う』ってみんなが言っているわよ」

〇

「そういえば…」（話題を変える）

「〇〇さん、不満はいろいろあると思うのよ。何かあれば相談にものるわ。ただ、今のようなグチをずっと聴いているのはちょっとしんどいな」

POINT

- 相手のグチで自分がイライラしないように話題を変える
- またはその場を去る
- 相手を否定せず、グチを聴くことについてどう思うかを伝える

他部署の担当者が、一度取り決めたことをすぐに変更してきた

×

「なんで、最初の打ち合わせで決めたことを守らないんだ！　一度決めたことは守るのが当たり前だろ！」

◎

「一度決めたことをすぐに変更されてしまうと、こちらも困ることがあるんだ。たび重なる変更は、コストも時間もかかり、他の同時進行している案件にも影響を及ぼすことがあることもわかってほしいんだ」

POINT

・「なぜ困るのか」という理由を伝える

「こんな資料まったくダメだよ!」と上司(取引先の担当者)から頭ごなしに言われた

✕

「はい…申し訳ありません…」

落ち込んで、どうしていいかわからない状態

「わかりました!!」

ふてくされる

「ハァ〜!!」とイヤなため息をつく

◎

「かしこりました。作り直すにあたって、恐れいりますが、ダメだと思う箇所を具体的に教えていただけないでしょうか?」

相手が望む資料を作成することを目的とするなら、そのためにはどのような資料を作ったらいいのか、何がダメだと思っているのかを具体的に聴き出して取り組むことが先決だね

POINT

- 相手の感情的な言い方に反応しない
- 何がダメなのかを具体的に聴き出す

女性部下の電話応対の印象が悪く、クレームがあったことを伝えたい

「○○さん、じつはお客さまから、電話応対がよくないというクレームがありました。このようなクレームがないように、今後私たちみんなが、電話応対を見直そうかという話になりました。○○さんにお願いがあります。電話がかかってきたら名乗ること、そして終話時も名乗るようにお願いしたいのです。そのほか、当社のチェックリストにあるように、笑声で応対するようお願いします」

POINT

・クレームがあったという「事実」を告げる

・どうしてほしいかを具体的に伝える

ほかの人に知られたくない個人的な話を、同僚がほかの人に言ってしまった

「〇〇の話をほかの人に話してしまったでしょ。この話は個人的なことで、職場のほかの人には知られたくないことで、知られると困るの。だから今後は話さないでね」

POINT

- 話したという事実を伝え、今後はどうしてほしいかを伝える
- どういう気持ちになったかを伝える

すぐ心が折れてしまう部下に、傷つけず指摘をしたい

×

「○○さん、仕事はちゃんと計画を立ててはじめなければダメじゃないか。だから次のステップの仕事をまかせられないんだよ」

◎

「○○さん、以前と比べて企画の業務までまかせられるようになって、うれしく思うよ。今後、次のステップの案件をまかせるために、スケジュールを立ててから仕事に取り組めるようになるといいね。そのほうが、計画的に仕事を進められるし、こちらとしても把握しやすいんだ」

POINT

- はじめにできているところを認める
- 大切なスタッフの一員で、期待していることを伝える
- 真ん中に一番言いたい改善ポイントをもってくると、ソフトに伝わる
- 最後に理由を伝えると納得しやすい

注意すると反抗的になる部下に言葉をかけたい

×

「〇〇さん…できれば、ここをこう直してくれたらありがたいんだけどなぁ…」

顔色をうかがう

「〇〇さん、こういう話は聴きたくないと思うけど、こういうところは気をつけてくれないと困るんだよね！」

戦闘態勢で

◎

「〇〇さんはそう考えているんだね。ここは、こういうふうに直してもらえないかな。そのほうが、あなたの仕事の評価も、より上がると思うんだよね」

POINT

- いったん相手の言葉を受けとめる
- してほしいことは手短に伝える
- 相手にとってのメリットを伝える

プライドが高い年上の部下に注意・お願いをしたい

✕

「○○さん…できれば□□してくださると、みんなが助かるんですが…」

オドオドしながら

「○○さんってプライドが高くてやりにくいんだよね…」

陰口をたたく

◎

「○○さん、いつもご尽力くださりありがとうございます。仕事を進めていくうえでお願いしたいことがあります。△△の業務については、□□のように進めていただけますでしょうか。そうしていただけると助かります。では、よろしくお願いします」

POINT

- はじめにお礼の言葉を伝える
- その後、端的にお願い事項を伝える
- 「よろしくお願いします」と明るく笑顔で去る

注意するとすぐすねてしまう相手に言葉をかけたい

✕

「何をすねているの？」

「〇〇ちゃんって、いつもすねるよね」

◎

「あなたの今後のことを期待しているし、大切な一員だと思っているから、あえて言いにくいことを伝えているんだよ。それはわかってほしいな」

「どうでもいいと思っていたら、こんなことは言わないよ」

POINT
・大切な存在であることを言葉にして伝える
・存在そのものを否定しているわけではないことも伝える

逆ギレしてきた仕事相手に、仕事の要望を伝えたい

✕

「…はい、そうですよね…。やっぱり難しいですよね…」

この人には言えないな…

「…(なんでこの人、こんなふうにキレるんだろう!)…」

心の中でイライラする

◎

「こちらとしては、こういう理由で○○をお願いしたいのです。そうですよね。難しいとお思いになりますよね。難しいお願いかもしれませんが、△△の理由で、○○さんにお願いしたいのです。よろしくお願いします」

POINT

・相手の怒りにひるまない

・ぶれずに落ち着いて、繰り返し論点を伝える

COLUMN

「怒ればなんとかなる」はNG

相手を自分の思いどおりにコントロールするために怒りを使う人がいます。
大きな声で威圧したり、職場での職位のパワー、制度や決まりを振りかざしながら怒る――。

そんなとき、その場では、相手は言うとおりに動いてくれるかもしれませんが、「感情的な人」「面倒な人」「威圧的な人」などの印象をもたれ、今後付き合っていかなければならない場合には信頼関係は築けないでしょう。

怒りまかせに行動してしまうと、相手だけでなく、自分自身も後味が悪い思いをしてしまうので、どのように怒りの感情を伝えるかはとても大切です。

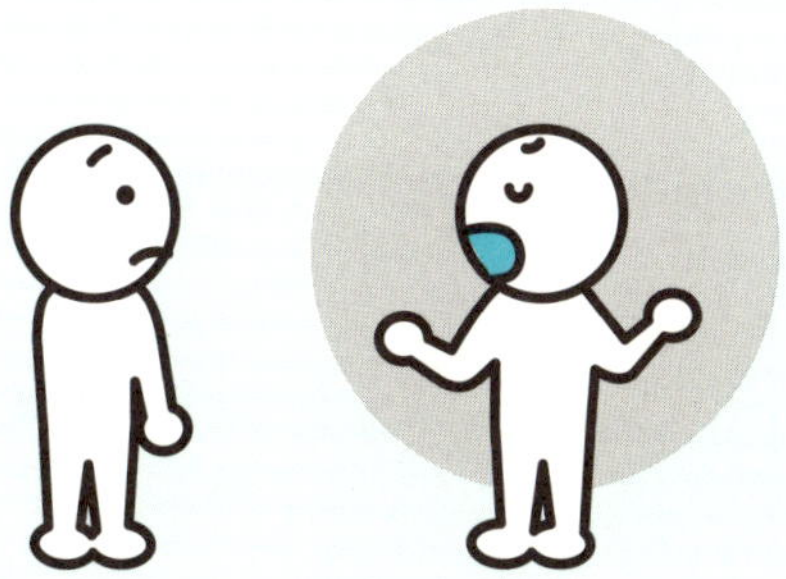

何度も同じミスを繰り返す部下に注意をしたい

✕

「何回言ったらわかるんだよ！　普通は1回言ったら直るよね」

相手の反応が軽いと、つい言いたくなっちゃうこともあるよね

POINT

- 直してほしいところが伝わらない
- こちらの感情をぶつけて相手を否定しても、当人に改善しようという気持ちが起こらない

「〇〇さん、報告はお客さま先から帰ってきたら、すぐに私にしてくれないかな。情報共有ができていないと、今後お客さまに対応したときに、不信感を与えてしまう可能性があるんだ。また、これで何かトラブルが起こったときに、部としての対処が遅れてしまうよ。だからこそ、今後はお客さま先から聞いた情報は、帰社したらすぐに私に報告してほしい」

いつもおつかれさま。すぐに直らない人もいるから、気長に言い続けよう

POINT

- なぜ直してほしいのかという理由を忘れずに
- できたときのメリット、できなかったときのデメリットを伝える
- してほしいことは、はじめとおわりに2回伝える

相手のイライラを増長させる言葉

会話をしているときに、イライラしている相手の怒りをさらに増長させてしまう言葉があります。
つい、言ってしまうことはありませんか？

おっしゃることはわかりますが

そうは言っても

それは○○さんの勘違いですね

こちらの責任ではないですね

以前にもお伝えしましたよね

それは無理ですね

普通こうですよね

COLUMN

相手の言葉を否定しないところからはじめよう

たとえば仕事でクレームを受けたとき、相手と意見が違ってぶつかったとき、つい自分の主張を通したくて、右ページのフレーズのような言葉を切り返してしまうことはありませんか。
そんなとき、相手も「でもね！」と切り返してきて、感情がもつれてしまいます。そうなると、相手は「受けとめてもらえていない」「耳を傾けてくれない」と思って、あなたとのやり取りをやめてしまう可能性があります。自分の意見を受けとめてもらえないとわかると、人はその人の意見も受けとめたくないという気持ちが生じやすいもの。

「おっしゃるとおりです」と同意しなくても、「〇〇と思うのですね」と理解はしたことを伝える

このスタンスは、お互いに余計な怒りを引き起こさないためにもとても大切です。
あなた自身の意見に耳を傾けてもらえるためにも、ぜひ、受けとめてみませんか。

身だしなみに問題がある後輩に、注意したところ、ふてくされるだけで行動を変えない

×

「何をふてくされているのよ！」

「前にも言ったと思うのだけれど、なんで身だしなみを直さないのかな！　だいたい、仕事にもやる気がみられないし！」

「○○さん…これって私だけが思っていることじゃないんだけれど…」

POINT

・感情的になってしまっている

・話の論点がずれている

「男性スタッフやお客さまもいらっしゃるから、胸元が開きすぎていることを気にする人もいます。香りも、それぞれに好き嫌いがあるので、その香りで悪い印象をもたれてしまうことがあることも、知っておいてほしいのです」

「仕事では悪い印象をもたれてしまうこともあるから、直してもらえないかな。プライベートのときに楽しんでね」

POINT

- 相手がふてくされていることには意識を向けない
- 直してほしい点についてだけ触れる
- なぜ直してほしいのか理由を伝える

ゴミ捨てやお茶入れなどは自分の仕事ではないと思っている後輩に意見を言いたい

「みんなやっているのだから、ちゃんとやりなさいよ！」

「どうせたいした仕事じゃないと思っているんでしょ！」

「○○さん、こんなことは○○さんにとってやらなくてもいいことだと思っているかもしれないけど…ほかの人もみんなやっているので…○○さんだけしないのはよくないと、みんな感じると思うんだよね」

POINT

- 相手の気持ちを勝手に推測して嫌味を言うのは×
- まわりくどいと伝わらない
- 「みんなが」という言葉を盾にするのは、意見を伝えることから逃げているととられてしまう

「ゴミ捨てやお茶入れも、大事な仕事のひとつとして考えてほしいんだ。みんなで持ちまわりで担当しているので、〇〇さんも協力してください。こういうことに協力的でないと、あなた自身が本来の仕事をするときに、ほかの人から協力を得ることができなくなってしまうよ」

POINT

- まず協力してほしいという姿勢で伝える
- 本来の仕事以外のことを行う意義も告げる

スタッフが、トイレや給湯室、ロッカールームなどの共有スペースを汚く使っている

「共有スペースなんだから、きれいに使ってよ。それって常識でしょ」
「ちゃんときれいに使おうよ」

POINT

・人によって「ちゃんと」「きれいに」という感覚は異なるため、曖昧な表現では伝わらない

「共有スペースは、スタッフみんなで使う場所なので、みんなが気持ちよく使えるように配慮してもらえないかな。トイレなら、私物を決められた場所にしまって、それ以外のところには置かない。洗面台まわりの水しぶきはふき取り、髪の毛も残らないようにする。給湯室は、使ったコップは流しに置きっぱなしにしないですぐに片づける。コーヒー豆は残り3分の1になったら補充する。以上のことを守ってください。お願いします」
「トイレはお客さまもご利用になります。トイレが汚いと、会社の印象も悪くなることが考えられるので、守ってください」

POINT

・具体的な決め事を案内する
・きれいにしなければならない理由も伝える

成績さえ上げていればなんでも許されると思っている先輩に発言したい

×

「○○先輩って、△△なことや、□□なことをやっていますけど、それって許されるんですか?」

食ってかかる

「○○先輩のああいう行動はよくないと、みんなが言ってますよ」

自分の意見として言わない

「○○先輩って、実績さえあげていれば何をやってもいいと思っているよな。それってどうなのかな!?」

陰でいろいろな人に言ってまわる

POINT

- 相手を追求しても、相手が行動を変える気にならない
- 「みんな」と言うと、かえって相手の気分を害してしまう
- 複数の人に特定の誰かの陰口を言うことは、自分の評判を落とすことになりかねない

「〇〇先輩にお願いしたいことがあります。先輩の実績を含めて、仕事ぶりを見習いたいと思っている後輩たちもたくさんいます。社内ルールに関しても、ぜひ先輩には守っていただくような行動を見せていただきたいなと願っています。勇気をもってお願いしました」

POINT

・はじめにお願いしたいことがあると伝える
・相手のいい部分を用件より先に伝え、相手を立てるとやわらかく伝わりやすい
・最後に、直してほしい行動を率直に告げる

机の引き出しや扉の開け閉めなど、動作が雑で乱暴、いつも不機嫌な同僚に意見を言いたい

×

（陰で）「○○さんて、女として最悪だよね…」

（陰で）「○○くんて、人に対してのデリカシーがなさそうだよね」

「○○さんていつも不機嫌で、○○さんがいると雰囲気が悪くなるんだよね」

POINT

- 陰で言っても伝わらない
- どんな行動がよくないのかを伝えないと、相手の存在を否定しているような言い方になってしまうことも

「〇〇さん、言いにくいことではあるのだけれど、気になっていることがあるんだ。いいかな？　仕事が忙しいと余裕がなくなってしまうこともあるよね。そんなときに、〇〇さんは引き出しやドアを開け閉めするとき、フロア中に響くような音がすることがあるんだ。表情も、みんなが声をかけにくいと思うような怖いかんじになっているときがあるよ。多分、〇〇さんに言えるのは私ぐらいしかいないかなと思って、伝えてみたんだ」

POINT

- はじめにソフトに「話していいかな?」と同意を得る
- 相手が無意識にそうしている可能性もあるため、まず気づいてもらうように、気になることを具体的に伝える
- 相手の行動を、まわりがどう受けとめるのかを知らせる

何を言っても部下が「でも、だって、どうせ」と切り返してくる

「〇〇さん、私がお願いしたり注意をしたことに対して、『でも…』とか、『だって、どうせ』と言うことがあるよね。そう言われると、素直に受けとめてくれないんだなと感じるんだ。そうすると、あなたからのお願いや提案に対しても、耳を傾けにくくなる人も出てくると思うよ。だから、いったん『そうですね』と受けとめてから意見を伝えてほしいんだ」

POINT

- まず事実確認をする
- その言葉がどんな支障をきたすかを伝える
- 最後にどう直してほしいのかを伝える

みんなが忙しく仕事をしているなか、部下はまわりを気づかうことなく定時に帰ってしまう

「〇〇さん、定時なので、帰るのはいいのだけれど、周囲の人が忙しくしていたら、『何か手伝うことはない？』という声かけも、ときには必要だよ。急いでいるときは仕方ないけれど、そうでないときはひと言声をかける配慮もしてほしいんだ。〇〇さんも、ほかの人に協力してもらうこともあるよね。だからこそ、自分ひとりの仕事だけに目を向けずに、周囲の人の仕事に対しても協力できることはしてほしいと思っているんだ」

POINT

- どうしてほしいのか→その理由→再度してほしいことを伝える、の流れなら、お願いしたいことがわかりやすく相手に伝わる
- 「定時で帰るのは当然の権利」と思っている場合があるので、理由は具体的に

「昼間までに、△△と□□と××の仕事を仕上げて」と上司が無茶な仕事の振り方をしてくる

×

「はい…わかりました」

すべて抱え込んでしまい、間に合わずに相手を怒らせる

「なんで私ばっかりこんなに無茶ぶりされなくちゃいけないんですか!?」

爆発する

POINT

- 何も言えずに抱え込む人は、無茶なことを頼まれやすくなる
- 溜め込んで爆発してしまうと、それまでの大変な状況をわかってもらえず、周囲の人に「この人大丈夫？」と思われてしまうことも
- 溜め込んだり感情を爆発させると、相手が怒り出す原因にも…

「頼まれている仕事のことで確認をしていいですか？　現在△△と□□と××を頼まれていますが、この量ですと、すべての仕事をお昼までに仕上げることは難しいのです。お昼までに優先して仕上げなければいけない仕事はどれでしょうか？　ご指示ください」

「もしお昼までにすべての対応をしなければいけないのでしたら、○○さんや△△さんにも手伝ってもらっていいですか？」
「お昼までには間に合いませんが、明日の朝までになら仕上げることは可能です。そのスケジュールではいかがですか？」

POINT

- 溜め込まない
- その期限内ならどこまでできるのかをかならず知らせる
- できること、できないことを明確に伝えたほうが、相手も把握しやすい
- 代案を出すのも◎

部下が、何度も何度も同じことを質問してくる

✕

「何度も同じことを言わせないでほしいんだよね。普通、一度でわかるよね？」
「こっちも忙しいのだけど！」

POINT

・上司の機嫌が悪いせいだととられてしまう可能性も
・何度も同じ質問をすることが悪いのではなく、忙しいときに声をかけたのが悪いと受け取られてしまうことも

◎

「このことを教えるのはもう3回目なので、ここでメモを取るなりして、同じことを何度も質問しないようにしてほしいんだ。質問には応じるけれど、何度も同じことを聴かれてしまうと、伝わっていなかったのかと不安になるときがあるんだよね」

POINT

・はじめに、今後相手にどうしてほしいのかを伝える
・同じことを質問されると、こちらがどう思うのかを伝える

言うことがコロコロ変わる上司に意見を言いたい

×

(心の中で)「この前指示してきたことと違うじゃないか。でも言えないしな…」

「なんでいつも言うことが違うんですか!」

(周囲の人に言う)「○○部長は、言うことがコロコロ変わって、理不尽だよね!」

POINT

・本人が指示内容を忘れている可能性があるため、溜め込むのは×

・本人に状況を伝えなければ理解してもらえない

「確認してもよろしいですか？　前回は○○と言われていたのですが、今回は△△とのことです。今回の指示でよろしいですか？」

POINT

- まず前回の指示内容を確認する
- 今回の指示内容を確認する
- 指示が変わったことの弊害も伝える

無意識に忘れてしまうなど、言いやすい相手の場合

「指示内容が変わっていくことが多いと、戸惑ってしまいます。今後も、今回のように確認させていただいていいでしょうか？」

社内事情などで意図的に言うことを変え、こちらが不信感を抱いてしまう相手の場合

「変更になった理由を教えていただけませんか？ そのほうが、納得して取り組めますので、お願いします」

社外の人に対して言うことがコロコロ変わる上司の場合

「〇〇部長、お客さまに対しては、なぜ変更になったのか、先方が納得するように理由を説明したほうがいいと思います。このようなことが重なると、不信感を与えてしまうのではないでしょうか」

怒らない伝え方～メール編～

昨今、ビジネスシーンでは、メールでやりとりすることが多くなりましたが、文章のみの伝達であることや、時間差が出てしまうことなどでコミュニケーションの難しさに直面する人が多いようです。

「伝えたいことがうまく伝わらずに誤解されてしまった」「つい感情が高ぶっているときに書いてしまい、相手との関係が悪くなってしまった」「文章として残るので余計に気まずい」「感情的なメールを受け取ったことで後味の悪い思いをしてしまった」といったことはないでしょうか。

イラッとしたときにメールを送る際の注意点

怒りを感じているときには、感情的な表現になりがちです。次の3つを意識しましょう。

1. **送信する前に何度か読み返してみる**
2. **急ぎではないときは翌朝にしてみる**
3. **相手の感情的な表現に振りまわされず、冷静に回答する**

カチンとくる内容が送られてきたときには、反射的に感情的なメールを返しがちになるため要注意

こちらからお願いのメールを送る場合

✕

先日、○○さんからお送りいただいたご提案書の件でご連絡したのですが、前回ご提出いただいた提案はまったくこちらの意図がわかっておらず、残念です。打ち合わせのときに、何を聞いていたのでしょうか。これでは検討もできませんので、明日までに提案書を送ってください。

・改行していないので読みづらい
・相手を非難する表現になっている
・「送ってください」は命令に受け取られてしまう

◎

さっそくご提案書をお送りくださいまして、ありがとうございます。ご提案書の再提出をお願いしたく、ご連絡いたしました。

前回お打ち合わせをした際にお伝えした要望が入っていないため、今一度作成し直していただけないでしょうか。こちらの要望は添付資料にまとめましたので、ご確認いただけますと幸いです。

明後日の社内会議で検討いたしますので、恐れいりますが明日の１５時までにお送りいただけますでしょうか。どうぞよろしくお願いいたします。

相手から感情的なメールを受け取った場合

×

このたび、ご連絡いただきました件ですが、ご要望にかなう提案書ではないとのこと。
打ち合わせの内容はすべて含めて作成したつもりですが、どこが残念なのでしょうか。そのように言われましても具体的なご指示がなければこちらとしても作成するのが難しいかと思われます。もう少し、具体的に教えてもらえますか。どうぞよろしくお願いいたします。

◎

このたびはご連絡いただきまして、
ありがとうございます。
また、ご要望にかなう提案ではないとのこと、
誠に申し訳ありません。

恐れいりますが、改めてご提案書を作成するにあたり、今一度、ご要望を具体的にお聞かせいただけますでしょうか。
明日の 15 時までにはお送りできるようにいたします。

どうぞよろしくお願いいたします。

・読みやすく改行している
・クッション言葉＊を使い、相手が受け取りやすい表現に
・「いただけますでしょうか」でやわらかく伝わる

＊クッション言葉とは、相手にお願い・断わり・質問をするときに、表現をやわらかくすることで、相手が受け取りやすくなるような言葉のこと
例）「恐れいりますが」「お手数をおかけしますが」「申し訳ございませんが」

メールを送る際に心がけたい8つのポイント

POINT

1　曖昧な表現はしない

2　誤解のない具体的な表現にする

3　感情的に相手を非難、否定するような表現は避ける

4　感情を伝えたいときは、気持ちを「私」を発信源にして伝える

○今回のご意見に、とても戸惑いました。
×今回の●さんのご意見は、とても残念な内容でした。

5　相手の感情的な表現には振りまわされない

6　お願いするときは「恐れいりますが」「お手数をおかけしますが」などのクッション言葉を活用する

7　1回のメールには1用件を心がける

8　1文は短めに、3行続いたら改行するなど、読みやすいレイアウトにする

「申し訳ございません」を多用する人もいるけれど、あまり何度も謝ると、逆に相手を恐縮させてしまったり、気をつかわせてしまう原因にも。かしこまりすぎにも注意しよう

COLUMN

叱るときに触れてはいけないこと

叱ることの目的は、相手の成長を願って改善をうながすことです。
ですから、叱る際に改善できないようなことに触れてしまうのは、その人の人格否定につながりかねません。
下記のことについては、絶対に言わないようにしましょう。

容姿　「顔が地味だから営業成績が…」

年齢　「もっと若ければ…」

性別　「女だから…」

学歴　「これだから無名の大学しか出ていない人は…」

出身地　「○○出身の人はクセがある」

家族構成　「一人親だから…」

PART 7

シーン別
感情の伝え方
～プライベート編～

身近な人だからこそ、日常のシーンで怒りが湧いてくることもあるでしょう。
本章では、「こんなときになんて言えばいいの？」という事例をあげ、相手と揉めることなく会話するための考え方やフレーズを紹介します。

自分から謝ろうとしない相手に、意見を伝えたい

×

「あなたの言っていることはおかしいですよね!?」

POINT

・相手を責めると、相手はますます素直に謝らなくなる

◎

「○○さんは、そうお考えなのですね。私としてはこう考えています」

POINT

・相手を批判しても、不毛な言い争いを招くだけ
・こちらが感情的になることもしない
・私を主語にして、冷静に一番言いたいことを伝える

ひるむと、相手がさらに攻撃的になるから、ひるまないように堂々とね

明らかに相手が過失を犯したのに謝ってこない

×

「なんでそっちが悪いのに謝らないんですか!?」

POINT

・責められたことの防御の気持ちから、相手は余計に攻撃してくる

○

「このことに関しては、ひと言、お詫びがほしかったんです」

POINT

・相手からの攻撃は弱くなる

「この人は謝れない人なんだ」と見切りをつけることも、ときには大切かもしれないね

容姿のことで傷つくことを言われた

×

「なんでそんなことを言うんですか！
それってセクハラですよね！」

過剰に反応

◎

**「それを言われると、ショックです。
けっこう気にしているんですよね」**

さらっと返す

POINT

・年齢と容姿は、ナイーブな話題。極力触れないほうがよい
・男性に「ハゲ」と言うのは尊厳を傷つけるのと同じであることも

相手を不快にさせることを言ってしまった

プライベート

× 「……」

何も言わずに罪悪感だけ溜めていく

○ **「この間は、傷つけるようなことを言ってしまってごめんね」「傷つけたんじゃないかと気になっていたんだ」**

仕事

× うしろめたさから、相手を避ける

○ **「この間は、私のひと言で不快にさせてしまって申し訳ありません」**

POINT

- そのままにしない
- 悪かったなと思うなら、言葉にして伝えたほうがいい
- 気持ちは言葉にしなければ伝わらない

「子どもはまだできないの？」と言われた

×

「う〜ん…まだ…」

「私がいけないのか」と自分を責める

「子どもができないとダメなんですか!?」

過剰に反応

◎

「まだなんです」

聞き流す

「これは私たち夫婦のことなので、触れないでいただけますか」

POINT

・過剰反応すると、かえって逆効果に

・自分を責めないこと

身内からたびたび「子どもはまだ？」と言われる

×

「…（なんてことを言うの!?）…」

溜め込む

「口出ししないでください」

「できないのは、私だけのせいじゃないんです」

◎

「それについては私たちなりに考えていることなので、そうなったときにお伝えしますね」

やわらかく

「お義母さんなので正直に打ち明けますが、じつはいま、不妊治療に取り組んでいるのです。精神的に苦しい時期もあるので、見守っていただけるとありがたいのです」

POINT

・引っかかったら溜めすぎない
・悪気なく言ってくる人も多いので、あえて気にとめないのも選択のひとつ
・ストレスが溜まるなら、正直な気持ちを言葉にするのが◎

離婚したことを伝えたら「失敗しちゃったね」「子どもがかわいそうね」などと言われた

✕

「失敗しちゃった。子どもにも迷惑をかけて…」
「あなたに関係ないでしょ!?」

自分を責める

◎

「ちゃんと考えて決めたことだから、失敗ではないと思っているよ」「子どものことも、十分考えて決断したことだから、それを言われると傷つくな」

POINT

- 離婚=「失敗」「子どもがかわいそう」は、その人の思い込み
- 言われた言葉に引っかかりがある場合、こちらの気持ちを正直に伝えたほうが◎

COLUMN

「大変ですね」が禁句になることも

３人のお子さんを育てながらフルタイム勤務で働く女性にお会いしたときのこと。私は思わず共感する気持ちで「３人の子育てをしながら仕事を続けているなんて大変ですね！」と言葉をかけました。
すると、その女性はこう言うのです。「たしかにいまは大変なときもあります。ただ、大変という言葉を聞くと、素直に『そうですね』と言えない自分がいるんです」。そして、以前子どもがいる前で、「大変ね」と声をかけられたときに、「ぼくたちがいることは、ママにとって大変なことなの？」と子どもに悲しい顔をされたというエピソードを話してくれたのです。その話にはっとしました。

それ以来、「大変ね」と言われても、その女性は「忙しいときもありますが、３人の子がいるおかげで、楽しくてしあわせです」と返すようにしているそうです。
何気ない言葉が、相手やそのまわりの人を傷つけてしまうこともあるのですね。

前向きな言葉をかけたいですね。

「あなた、最近ずいぶん太ったんじゃない？」と親友に気にしていることを言われた

✕

ムスッとふてくされ、黙ったまま不機嫌

「なんでそういうことを言うのかな。◯◯って、いつもイヤなこと言うよね」

POINT

・何が嫌なのか、言わなければ伝わらない
・「いつも」とは限らない
・人格否定になっている

◎

「え～、それって最近気にしているから傷つくな～」

POINT

・少し真剣な顔で言う
・言った後は不機嫌でいないようにする

「私だって、そのまま働いていたらあなたくらいの仕事はできたはず」と同性に嫌味を言われた

✕

「ふ～ん、でも辞めたのはあなたでしょ。なんでいまさらそんなことを言うの!?」心の中で相手へのイヤな気持ちを持ち続ける

◎

「そうね」とだけ伝えて、「そういえば…」と話題を変える

「そうだよね。○○さんもそのまま働いていたらきっとそうだよね。ここまでの仕事ができるようになるまで、私もかなり頑張ったしね」

POINT

- 嫉妬からの嫌味に対しては取り合わないという選択もあり
- 自分が頑張ったことは伝えてもOK

夫が勝手に掃除して、捨ててはいけないものを捨てられた

×

「なんで勝手に捨てるのよ！　余計なことをしないでよ！」

POINT

・伝えたい論点がぶれている

・掃除をしたこと自体を否定してしまっている

◎

「掃除をしてくれてありがとう。でもそのとき私の○○を捨てたでしょ。あれは大事なものだったの。捨てる前に、私に捨てていいかを聞いてほしかったの」

POINT

・まず掃除をしてくれたことへの感謝の気持ちを述べる

・気持ちを伝えればトゲにならない

・どうしてほしかったのかが伝わる

車・保険・転職など、家族に相談なしに物事を決められてしまった

×

「なんで勝手に決めるのよ！　あなたって本当に勝手な人よね！」
「私の意見なんて、どうでもいいっていうことよね」

POINT
・頭ごなしに責める
・人格否定するのはNG
・すねても伝わらない

◎

「○○を（決める）買うのは家族にとってとても大事なことよね。私に相談してほしかったわ。相談なしに決められたことがとてもショックだったわ」

POINT
・どうしてほしかったのかを具体的に伝える
・何についてショックだったのかを伝える

娘(4歳)が食事を残して食べないことを注意したい

「なんでまた残すのよ！　いつも残すのよね!!
もうやんなっちゃうわ」

POINT

・感情的になると、本当に伝えたいことが伝わらない
・反抗的になるか、委縮するかになってしまう

「○○ちゃん、おかあさんが作ったものを残されると悲しいな。残すと大きくなれないんじゃないかと思って心配よ。○○ちゃんのために用意したから、食べてほしいな」

POINT

・子どもにもわかるような正直な気持ちを伝える
・気持ちを伝えると、相手が素直に聞き入れやすくなる

ゴミ捨てや駐輪場の使い方など、マンションのきまりを守らない人がいる

×

「困るんですよね。そんな捨て方をされると！」
「あなたのような人がいるから、みんな困るんですよ」

○

「段ボールはたたんで捨てることになっているので、たたんで捨てていただけますか」

POINT

- シンプルに伝える
- 穏やかな口調で伝える
- 今後の関係性が気になるなら、言わないという選択もあり

公共のルール、マナーを守らない人にひと言言いたい

舌打ちする、にらみつける
「こんなところに立ってないでよ！」
「どいてよ！　迷惑！」

その場で終わることなので、あえて受け流す
「恐れいります。通していただけますか？」
「こちらの方に席をゆずっていただけませんか？」
「恐れいります。席を詰めていただけませんか？」

POINT

- 本当に言いたいことなら伝えてもOK
- マナー違反の相手を裁こうとしない
- 相手に動いてもらえるような言い方をする
- 「恐れいります」とソフトに伝える

聞かれたくないことを根掘り葉掘り聞いてくる

×

「そんなこと、あなたに関係ないでしょ」

むっとする

「…(こんなことを聞いてきて、ぶしつけな人だな)…」

根に持つ

◎

「それって、あんまり話したくないことなんだよね」

軽やかに

「それは内緒だよ」

明るく

「パートナーのそういうことについては、私もあんまり詳しく知らないんだ」

POINT

- 深刻にならず、さらりと返す
- すぐに話題を変えてOK

「子どもを産んでこそ女は一人前だ」と言われた…

✕

「だいたいそういうことを言っている人がおかしいですよ！」

「私って、一人前じゃないと思われているんだ…」と必要以上に落ち込む

怒りを溜め込んで、相手に対して恨みの感情を持つ

POINT

- キレると、不毛な言い合いや後味の悪い結末を生んでしまう
- こちらに落ち度があるわけではないので、自分を責める必要はない
- 根に持った分だけ、ストレスが大きくなって自分自身がつらくなる

あなたが該当者の場合

「私は、自分の責任において、産まないという選択をしました。それによって自分の価値が下がったとは思っていないので、そう決めつけないでほしいのです」

「その言葉は、今の私にはとても苦しく聞こえます」

あなたが該当者でない場合

「子どもを産んだ女性が一人前だとは、私は言えないと思うのです。その言葉で、ほしくてもできない人や、産まない選択をした女性を傷つける可能性があります」

POINT

・相手の偏った価値観に振りまわされない
・感情的にならない
・自分の意見を率直に伝える

自分のことばかり話す人の話をとめたい

×

「○○さん、話が長いんだよね」

「…（○○さんのせいで、いつも私の話ができない）…」

心の中でイライラする

◎

「そうなんだね。ところで」

「あ！　そういえば」

「そんなことがあったんだね。○○さんはどう？」

ほかの人に話を振る

POINT

・さりげなく話題を変える

・ほかの人に話題を振ると、おさまりやすい

夫が家事を手伝わず自分だけのんびりしている

×

「なんであなたっていつも手伝ってくれないの!?」

「家事は女がやるものだと思っているの!?」

「少しは手伝いなさいよ！　気がきかないわね！」

◎

「いま私はキッチンの掃除で手が離せないから、洗濯物をたたんでおいてくれないかな？」

「朝は子どものことでバタバタしているから、ゴミ捨てをやってくれると助かる」

POINT

- 相手に悪気がないことは心得る
- 何をやってほしいのか具体的にお願いする
- 相手が手伝わないことに対して非難はしない

行列に割り込んでくる人に対して

×

「ここに並んでいるんですよね！」（責めたように）

「割り込まないでもらえませんか!?」（強く言う）

「ちゃんと並べよ！」（怒鳴りながら）

POINT

・感情的に伝えると、相手の立場がなくなるため、反発を招く原因に

・売り言葉に買い言葉のやりとりになりがち

◎

「すみません。ここに並んでいます。うしろはあちらですよ」（穏やかに）

POINT

・ほかの人が並んでいることに、相手が気づいていない可能性もある

・並んでいることを穏やかに知らせる

・「多少イラッとはするけれど、これぐらいなら言わなくてもいいかな」と思ったら、言わないという選択もあり

レストランで頼んだ料理がまったく温かくなく、がっかりした

×

「あのー。グラタンって、普通は熱いものですよね!? なんでこれ、冷めてるの？　おかしいんじゃない!?」

POINT

- この言い方では、スタッフが丁寧に対応したくなくなってしまう
- 変なクレーム客だととらえられてしまう可能性も

◎

「すみません。今運ばれてきたばかりのグラタンが温かくないんですよ。もう一度温め直してもらえませんか？」

POINT

- やわらかい口調で伝えたほうが、スタッフに気持ちよく動いてもらえる
- 状況を伝える
- どうしてほしいか要望を告げる

店員の態度が悪い

×

「その態度はなんなんだよ！」

◎

「先ほど対応してくれたスタッフの方の言い方がとても横柄だったので、気になりました。具体的には○○な対応をされました。とても不愉快な気持ちになったので、お伝えしようと思いました」

「とても期待していたので、残念な気持ちになりました」

POINT

- 態度が悪い本人ではなく別のスタッフに伝えたほうがよい
- 起こった事実と、感じた思いを冷静に言葉にする

頼んだ注文がこない

✕

「いつまで待たせるんだよ！」

「どんな教育をしているんだよ！　謝れ！」

POINT

- 感情をぶつけても解決にならない
- 怒りで相手を支配

◎

「注文してから20分も待っているのですが、急いで対応していただけませんか？」

「13時に出なければいけないので、早くしていただけませんか？」

POINT

- 事実を伝える
- してほしいことを率直に伝える

COLUMN

小さな怒りを溜めると、相手そのものがイヤになってしまうことも…

「夫の存在がイヤ！」「仕事そのものがイヤ！」「育児全般がイヤ！」というように、ストレスを感じる対象について、具体的ではなく、とにかく「そのもの」「全部」がイヤだという相談を受けることがあります。

そういった人たちの話を聴くと、たとえば、「夫の存在自体がイヤ！」と話していた人の場合、「夫が子育てを手伝ってくれない」「タバコをやめてくれない」「私の話を聴いてくれない」…など、一つひとつが溜まって大きくなり、「もうイヤ！」となってしまっていることがあるのです。

あなたにも、そんな心当たりがありませんか？
小さな「イヤ！」が溜まったときには、「イヤ！」の中身を一つひとつ整理して、何がその要因なのか、どうしたらいいのかを考えてみましょう。

EPILOGUE

アンガー
マネジメント
11の簡単テクニック

本章では、怒りが湧いてきたときにとっさに効く７つの対処術と、怒りにくい体質になるための４つの改善法を紹介します。

怒りが湧いてきたときの11のコントロール法

怒りの感情をコントロールするには、「対処術」と「体質改善」という２つの解決方法があります。

対処術

- 怒りまかせに行動しないためのテクニック
- アンガーマネジメントでもっともやってはいけないのは、売り言葉に買い言葉で対応してしまうこと。それをしないための方法
- イラッとした瞬間に有効

調子が悪くなったときに、薬を飲むことがこれにあたる

諸説あるけれど怒りのピークは６秒間といわれているよ

体質改善

- 怒りにくくするための長期的な取り組み
- 心の器を大きくする
- 怒りにくい自分になりたいときに有効

病気になりにくい身体にするために漢方薬を飲んだり、食生活を変えることなどがこれにあたる

まず、対処術から取り組んで、少しずつ体質改善に取り組んでいくのがおすすめだよ。

アンガーマネジメントは心理トレーニング。少しずつ行動に移すことで、はじめて身につき、効果があらわれるよ

対処術1

怒りを数値化する
スケールテクニック

どんなテクニック？

怒りを数値化することで、
怒りを客観的に把握できるようになる方法

効果

・怒りまかせの行動を防ぐことができる
・自分が怒りを感じるパターンがわかってくるようになる

0	まったく怒りを感じていない状態
1~3	イラッとするが、すぐに忘れてしまえる程度の軽い怒り
4~6	時間がたっても心がざわつくような怒り
7~9	頭に血がのぼるような強い怒り
10	絶対にゆるせないと思うくらいの激しい怒り

やり方の手順

1 怒りを感じたときに、10点満点中、0から10までの怒りの数字を思い浮かべる

いまの怒りは5！

2 点数をつけることに意識を向けることで、怒りの気持ちにストップがかかる

部下が同じミスを繰り返した。5点。けっこう私は怒っているなぁ
電車が時間どおりにこない。1点。たいしたことはないなぁ

3 自分の怒りを客観的に把握できることで、気持ちが落ち着く

怒りは目に見えないからこそ振りまわされやすいもの。数値化することで振りまわされなくなるよ

対処術2 思考を停止させる
ストップシンキング

どんなテクニック？

怒りが湧いたときに、思考を停止させることで、怒りまかせの行動を防ぐ方法

効果

・どうしたらいいのかを冷静に考えられるようになる
・怒りの感情をリセットできる

慣れるまで継続して取り組むことが大切だよ

やり方の手順

1 怒りを感じたとき、心の中で「ストップ！」と唱える

2 または頭の中で白紙を思い浮かべる

3 心が落ち着き、これからどうしたらいいのかを冷静に考えられる

対処術3

その場から離れる

タイムアウト

どんなテクニック？

自分自身が感情をコントロールできなくなってきたときに、その場をいったん立ち去る方法

効果

- その場を離れることで、怒りの感情をリセットできる
- これ以上、場の空気を悪化させたくないというときに有効

その場を離れている間に物にやつあたりしたり、大声を出して発散することはNGだよ
さらに感情が高ぶるからね

やり方の手順

1　その場にいると、自分の怒りが抑えられなくなってしまいそうなとき、その場を離れることを決める

2　相手がいる場合は、「ちょっとお手洗いに行くので席をはずします。また戻ってきますね」と戻ってくることを伝える

3　その場を離れたときに、心を落ち着かせるため、深呼吸する

対処術4

数を数える
カウントバック

どんなテクニック？

怒りを感じたときに、頭の中で数を「100、97、94」と逆に数えていく方法

効果

・数を数えることに集中することで、衝動的になるのを防ぐ

やり方の手順

1　怒りを感じたとき、頭の中で、大きな数を思い浮かべる
例）「100！」

2　少し考えないと数えられないような数え方で数字を逆算していく
例）3つ飛びで「100、97、94…」など

3　数に集中しているうちに、感情がおさまる

4　いつも同じ数え方にすると、慣れてしまって効果が薄れるため、逆算する数の間隔を変えると◎
例）「100、94、88、82…」

対処術5

深呼吸をする
呼吸リラクゼーション

どんなテクニック？

怒りを感じたときに、ゆっくりと腹式呼吸をして気持ちを落ち着ける方法

効果

・深呼吸することで、副交感神経*のはたらきが高まり、気持ちがリラックスする
・すーっと怒りが抜けていく

*副交感神経とは、身体の疲れの回復や、心をリラックスさせる自律神経のはたらきのこと

吐くことに時間をかける分だけ、余計な力が抜けていくよ

やり方の手順

1 怒りが湧いた瞬間、鼻から大きく息を吸って、いったん呼吸をとめる

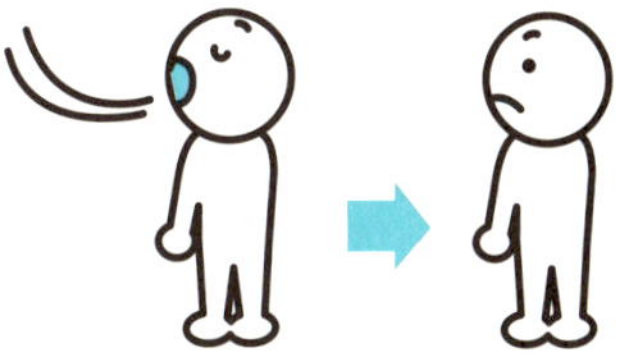

2 口からゆっくりと息を吐く

3 これを2~3回行う

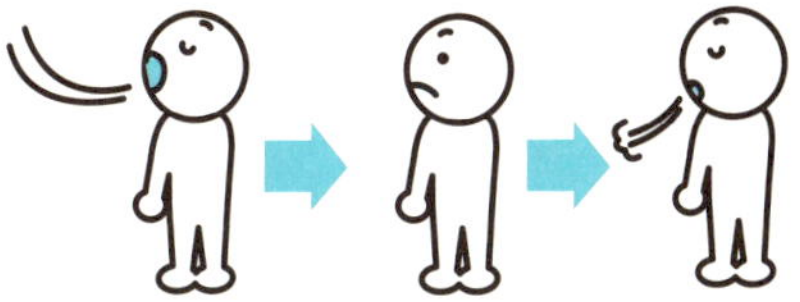

4 「4秒吸って、8秒で吐く」というぐらい、吐くことに時間をかけると効果的

対処術6 心が落ち着くフレーズを唱える
コーピングマントラ

どんなテクニック？

イラッとしたときに、心が落ち着くフレーズを言い聞かせる方法

効果

- 特定の言葉を自分に言い聞かせることで、気分がやわらぐ
- その後、冷静に対処できるようになる

気分が落ち着くフレーズを、日頃から用意しておくのがおすすめだよ。なかには、好きでたまらない愛犬の名前を唱える人もいるよ

やり方の手順

1　たとえば理不尽なことで怒られたときに、すぐに言い返したりはしない

2　心の中で、自分の気持ちが落ち着く言葉を言い聞かせる

3　何度か言い聞かせることで、高ぶる気持ちがやわらぐ

対処術7 いまに意識を集中させる
グラウンディング

どんなテクニック？

過去の怒り、未来への負の感情から解放され、いま目の前にあるものに意識を向ける方法

効果

- 長く続いている怒りから解放される
- 過去に起こった怒りにとらわれ続けている場合におすすめ
- よくない未来を想像しがちなときにも効果的

「昔、あの人にあんなことをされた。今度会ったら、ああ言ってやる！」といった思いが湧いてきやすい人には、とくにおすすめだよ

やり方の手順

1　怒りが湧いた過去の出来事やよくない未来を想像してしまったとき、目の前にある何かを手にする

2　それをしっかり観察する

色は？　形は？
ブランドは？
傷はある？

3　今、ここに戻ってくる

そうだ！
仕事をしよう

体質改善1　怒りを記録する
アンガーログ

ここからは４つの「体質改善」について説明しましょう。

どんなテクニック？

怒りを感じたとき、日時や場所、起こった事実などを書き出す方法

効果

- 書き出すことで怒りを客観的に見つめられる
- 自分自身が怒りを感じるのがどんなときなのか、パターンが見えてくる

最後に自分の怒りに点数をつけることで、より自分の怒りを正確に把握できるよ

やり方の手順

1 怒りを感じたら、その日のうちに記録をとる

2 日時、場所、起こった出来事、どう思ったのかを書き出す

3 怒りの強さに点数をつけるなら、10点中何点なのか書き出す

4 次に怒りを感じたとき、「あ、このパターンだ」と落ち着いて対処できる

体質改善2

「〇〇べき」を洗い出す
べきログ

どんなテクニック？

自分の内側にある「〇〇するべき」
「こうあるべき」を書き出して、
怒りの大元になっている
価値観を浮き彫りにする方法

効果

- 自分の信条や考え方のこだわりが明確になる
- 自分のこだわりを知ることで、自分がどういうときに怒るのかがわかるようになる

職場や家庭、友人間、公共の場など、あらゆる場面での「べき」を具体的に書き出そう

やり方の手順

1 自分自身がよく思う「〇〇するべき」「こうあるべき」を思い浮かべる

2 思い浮かぶだけ、書き出してみる（数字や細かい表現を使って具体的に書き出す）

3 怒りの湧く出来事が起こったときも、自分のどのような「〇〇べき」からきているか、振り返ってみる

4 自分にこだわりがあることを知ることで、まわりの人にもこだわりがあることを受け容れられるようになる

体質改善3

ストレスを書き出す
ストレスログ

どんなテクニック？

ストレスを4つのブロックに振り分けて、見える化する方法

効果

- 自分の思考の整理ができる
- 自分がコントロールできることとできないことが見極められる
- コントロールできないことへの過剰なイライラがなくなる

やり方の手順

1 怒りのもとやストレスになっていることを書き出す

2 その状況を①自分は変えられるのか、変えられないのか、②自分にとって重要か、重要でないかを考える
※同じ出来事でも、どのように判断するかは人によって違う

3 それぞれを当てはまる図（箱）の中に入れる

変えられる コントロール可能	変えられない コントロール不可能
重要 **例）部下が同じミスを繰り返す** 変えられる、重要なことと判断したなら いつまでに・どのように・どの程度 変えるための行動をするのかという具体的な計画を立てる	**重要** **例）クレーム電話がかかってくる** この状況は変えられないと判断したなら、その状況は受け容れ、できる対処をする ※注1
重要でない **例）自分の机の上が書類でいっぱい** 変えられる・重要ではないと判断したなら、優先順位が高いことではないため、時間があれば取り組むようにする	**重要でない** **例）通勤電車が混んでいる** 変えられない・自分にとって重要ではないと判断したなら、ストレスだと思わなくてもいいと見極める

※**注1**「受け容れる」ということは我慢しろ、ということではありません。変えられないことなのに、「なんで変わらないの!!」と思い続けることは過剰なストレスを生み、怒りも強くなります。そうならないためには、受け容れ、自分が対処すべきこと、できることは何かを建設的に考え取り組むのです。それは我慢ではなく、「見極めることができた」ということになります。

体質改善4

有酸素運動をする
身体リラクゼーション

どんなテクニック？

身体を動かす運動をすることで、
ストレスを緩和したりリラックスをする方法

効果

・脳からエンドルフィンやセロトニンが放出されることで、ストレスが緩和する
・ストレッチや有酸素運動がリラックスをうながす

激しすぎる運動は、逆にリラックスを妨げるよ
やけ酒、やけ食い、ギャンブルはストレス解消にならないよ

効果的な運動

ジョギング

ウォーキング

水泳

エアロビクス

ヨガ

ストレッチ

太極拳

おわりに

私が「アンガーマネジメント」を知ったのは、一般社団法人日本アンガーマネジメント協会の代表理事である、安藤俊介氏との出逢いがきっかけでした。

その頃の私は、さまざまな研修を担当する中で、人間関係の質問や相談を数多く受けることがあり、なかでも、「怒り」に関してのご相談に対し、どのように対応すればよいのだろうと、日々考えていました。

また、叱り方や感情の表現の仕方についてはアドバイスができたものの、「そもそも怒りとはどういったものなのか」「どのように対処したらいいのか」といった体系的な知識については学びを深めておらず、その部分をきちんとお伝えできれば、もっと適切なアドバイスができるのではないかと思っていたのです。

まだ協会設立直後でしたが、そのようなタイミングで安藤さんからアンガーマネジメントについてご指導いただけたのは、まさに私が仕上げようとしていたパズルの最後の1ピースをもらったように感じた瞬間でした。

自分の怒りや誰かの怒りに振りまわされてしまい、どうしていいかわからない。そんな自分自身がイヤになってしまう――。

私自身にもそのような時期がありました。

離婚を経験し、子育てと仕事の両立が大変で、ついイライラし、ときにはそれを大切な息子や家族に向けてしまったこともあります。

怒りは誰もがもっている感情です。

私自身もその感情に向き合ってきた分、「怒りと上手く付き合えるようになりたい」「自分の感情に責任をもって、自分自身を受容できるようになりたい」といった人々の後押しができればと思い、現在、研修を通じてアンガーマネジメントをお伝えしています。

また、一般社団法人日本アンガーマネジメント協会にて、アンガーマネジメントを伝える役割である、ファシリテーター養成講座も担当しており、これまでに、全国で数多くのファシリテーターが誕生しました。そのメンバーたちとともに、アンガーマネジメントを知っていただけるよう、活動していきたいと思います。

本書を執筆するにあたり、いつもお世話になっている、代表理事の安藤俊介さん、かんき出版の山下津雅子常務、担当編集として、今回もまるで恋人のように密な時間を過ごし、勇気づけてくださった星野友絵さんに、改めて心から感謝しております。

また、今回の本についてのアドバイスをしてくれた、友人の塚越友子さん、岩井結美子さん、ありがとう。

最後に、いつも見守ってくれている父と、昨年他界し、最期まで私のよき理解者であった母、そして、出版が続き、ハードスケジュールが続いた私のことを応援してくれた夫・息子へ。

今回もありがとう。

２０１５年５月　戸田久実

参考文献

●安藤俊介著『この怒りなんとかして！！と思ったら読む本』（リベラル社）

●安藤俊介著『「怒りの感情」が“スッ”と消える イラッとしない思考術』（KK ベストセラーズ）

●マシュー・マッケイ、ピーター・D・ロジャーズ、ジュディス・マッケイ著『怒りのセルフコントロール』（明石書店）

●森田汐生著『気持ちが伝わる話しかた』（主婦の友社）

●植木理恵著『シロクマのことだけは考えるな！』（新潮文庫）

●アン・ディクソン著『第四の生き方』（つげ書房新社）

●平野友朗、直井章子著『カリスマ講師に学ぶ！ 実践ビジネスメール教室』（日経 BP 社）

●一般社団法人 日本アンガーマネジメント協会テキスト

【著者紹介】

戸田　久実（とだ・くみ）

◉――アドット・コミュニケーション㈱代表取締役。日本アンガーマネジメント協会理事。立教大学卒業後、大手企業勤務を経て研修講師に。銀行・製薬会社・総合商社・通信会社など、大手民間企業や官公庁などで「伝わるコミュニケーション」をテーマに研修や講演を実施。対象は役員、管理職、リーダーや女性リーダーまで幅広い。

◉――講師歴24年。とくに人間関係の悩みがなくなる「言葉がけ」に特化したコミュニケーション指導に定評があり、年間受講者数は毎年5000人を突破。これまでの指導人数は10万人に及ぶ。

◉――現在、約8万人が受講し、ファシリテーター、キッズインストラクター登録者数がのべ2100名を超える日本アンガーマネジメント協会にて理事を務め、ファシリテーターの育成やスキルアップ勉強会の講師を担当している。

◉――著書に『ゼロから教えて接客・接遇』『アドラー流 たった１分で伝わる言い方』（いずれもかんき出版）がある。

編集協力―星野友絵（silas consulting）

アンガーマネジメント 怒《おこ》らない伝《つた》え方《かた》　〈検印廃止〉

2015年 5 月 22 日　　第 1 刷発行
2018年 3 月 22 日　　第 9 刷発行

著　者――戸田　久実©
発行者――齊藤　龍男
発行所――株式会社かんき出版
東京都千代田区麹町4-1-4 西脇ビル　〒102-0083
電話　営業部：03(3262)8011㈹　編集部：03(3262)8012㈹
FAX　03(3234)4421　　振替　00100-2-62304
http://www.kanki-pub.co.jp/

印刷所――大日本印刷株式会社

ISBN978-4-7612-7089-6 C0030